Mechthild R. von Scheurl-Defersdorf

In der Sprache liegt die Kraft

Das Buch

„Sprache entfaltet erst dann ihre volle Kraft, wenn wir sie nicht nur denken, sondern auch gleichzeitig fühlen." (Mechthild R. von Scheurl-Defersdorf)

Wörter sind machtvoll – im Positiven wie im Negativen. Sage ich das, was ich wirklich meine? Oder transportiere ich mit meinen Wörtern, meinem Satzbau und meiner Körpersprache widersprüchliche Botschaften? Oder unklare? Unser gesamter Alltag geht leichter von der Hand, wenn Denken, Fühlen und Handeln im Einklang sind. Mechthild R. von Scheurl-Defersdorf schöpft aus langjähriger Erfahrung, die immer wieder zeigt: Schon kleine, gezielte Änderungen der gewohnten Ausdrucksweise bewirken eine wohltuende Wandlung, die sofort spürbar wird. Mit vielen Beispielen, Tipps und Übungen, die Spaß machen. Mit einem Vorwort von Anselm Grün.

Die Autorin

Mechthild R. von Scheurl-Defersdorf, Philologin, hat unter dem Namen Roswitha Defersdorf zahlreiche sehr erfolgreiche Bücher veröffentlicht. Nach ihrem Hochschulabschluss war sie einige Jahre in der Industrie im Bereich Kommunikation tätig. Die zweifache Mutter brachte 1991 bei Herder spektrum ihr erstes Buch heraus, das zum Bestseller wurde: „Drück mich mal ganz fest. Geschichte und Therapie eines wahrnehmungsgestörten Kindes". Es folgten weitere Publikationen, auch im Bereich der Erwachsenenpädagogik. Aus dieser Arbeit heraus entwickelte sie Mitte der 1990er Jahre das Sprach- und Kommunikationskonzept LINGVA ETERNA und gründete 2000 in Erlangen das LINGVA ETERNA Institut für bewusste Sprache. Sie bietet Seminare und eine Ausbildung an uns ist publizistisch tätig.

Mechthild R. von Scheurl-Defer

In der Sprache liegt die

Klar reden, besser leben

Mit einem Vorwort von Anselm Gri

Illustrationen von Sabine Tiemer

HERDER

FREIBURG · BASEL · WIEN

HERDER spektrum Band 6334

va Eterna ist eine eingetragene Marke.

MIX
Papier aus verantwortungsvollen Quellen
FSC® C083411

ISBN 978-3-451-29807-3

6. Auflage 2014

www.herder.de

gkonzeption: Agentur R·M·E Roland Eschlbeck
Umschlaggestaltung: Verlag Herder
mschlagfoto: © spot-shot – Fotolia.com
Foto der Autorin: © G. Dollhopf

z: Dtp-Satzservice Peter Huber, Freiburg
Herstellung: CPI books GmbH, Leck

Printed in Germany

ISBN 978-3-451-06334-3

Inhalt

Vorwort

Von Anselm Grün

Mechthild R. von Scheurl-Defersdorf hat in Kursen – viele davon hält sie in unserem Ha in Würzburg – die Menschen behutsam auf i aufmerksam gemacht. Sie hat ihnen gespieg sprechen und mit welchen Worten sie ihre inn verraten. Sie hat ihnen aufgezeigt, dass manch dungen und Worte auf alte Verletzungen hin dass sie sich mit solchen Worten von der ei abschneiden. Und sie hat den Teilnehmern unc rinnen bei ihren Kursen geholfen, für sich e zu finden, die ihrem Wesen entspricht und di eigene Kraft kommen lässt.

„Deine Sprache verrät dich ja", sagen die Leut des Hohenpriesters zu Petrus. (Mt. 26,73) Im C heißt es hier: Dein Sprechen offenbart dich. De zeigt deutlich, wer du bist. Petrus reagiert he leugnet seine Sprache, verflucht sich selbst Jesus. Unsere Sprache verrät uns, das zeigt die sehr eindrücklich. Wie wir sprechen, welche W nutzen, in welchem Tonfall wir reden, all das v Seele. In Firmen wird oft eine kalte Sprache Eine kalte, unpersönliche Sprache verschließt c Niemand möchte sich an der Kälte des Spreche ten. Wenn manche Menschen zu reden beginne sofort das Vorwurfsvolle oder das Bewertende sere Sprache verrät uns. Aber umgekehrt gilt

ɜprache verleugnen, wenn wir sie nicht acht-
ler Wertschätzung sprechen, dann verraten wir
Vir verfluchen uns dann selbst. Wir sprechen
ve Worte gegen uns selbst, die uns schaden
ın unserem wahren Selbst entfernen. Unsere
ckt dann unsere innere Entfremdung aus.

ch „In der Sprache liegt die Kraft. Klar reden,
" beschreibt Mechthild R. von Scheurl-Defers-
sam, welche oft unbewussten Redewendungen
ıen prägen. Und sie lädt uns ein, mit einem an-
hen unsere innere Verfassung zu verwandeln
entischer zu werden. Authentisch kommt von
tos" ist für die stoische Philosophie das innere
es Menschen, sein wahres Selbst, sein innerster
wir mit diesem wahren Selbst in Berührung
ıprechen wir aus unserem Herzen, dann wer-
Worte echt und stimmig. Aber es gilt auch:
ıf unsere Sprache achten, wenn wir eine Spra-
, wie sie unserem Wesen entspricht, dann führt
ɔrechen zu unserem wahren Selbst, zum inne-
ı dem wir bei uns selbst zuhause sind.

ich allen Lesern und Leserinnen, dass sie mit
n auf ihre Sprache sehen. Es geht nicht darum,
ɜm Sprechen zu kontrollieren. Sonst würden
icht mehr wagen, zu sprechen. Wir sollen uns
ɜerer Sprache nicht verurteilen. Wir sollen uns
rden, wie wir sprechen, und mit einem Wohl-
selbst gegenüber behutsam ein anderes Spre-
n. Dann werden wir die Wohltat und die hei-
ɹer Sprache für uns entdecken. Und wir tragen
ıss auch die Menschen um uns herum anders

zu sprechen beginnen. Mit der Sprache fängt die Verwandlung des einzelnen, aber auch der Gesellschaft an. So wünsche ich, dass ein neues Bewusstsein für unser Sprechen die Sprache unserer Gesellschaft wandelt und so unsere Welt heller, menschlicher und liebevoller macht.

1 E

Wir leben in einer Zeit, in der Kommunikation und eine gute Vernetzung von außerordentlicher Bedeutung sind. Dank einer hoch entwickelten Technik können wir große Mengen an Daten in Sekunden über den ganzen Erdball senden und empfangen. Darin liegt eine große Chance – und eine große Herausforderung. Es ist für den Empfänger entscheidend, dass er aus dieser verfügbaren Menge an Informationen die jeweils für ihn richtige und wichtige zur rechten Zeit erhalten und mit dieser möglichst effizient umgehen kann. Nur dann ist die große Datenmenge ein Gewinn.

Je klarer und verständlicher die jeweiligen Informationen sind, desto leichter ist die Auswahl und desto leichter ist es für den Empfänger, sich diese zu merken und damit etwas anzufangen. Derjenige wird sich in einer Informationsgesellschaft am leichtesten tun, der mit dem Gut Information am effizientesten umgeht.

Und doch bleiben zu viele wertvolle Informationen durch Fehler in der Kommunikation auf der Strecke. Missverständnisse und Fehlinformationen beeinträchtigen den fruchtbaren Austausch in privaten und beruflichen Situationen.

Mit der stetig wachsenden Quantität an gesprochener und geschriebener Sprache ist die Qualität der täglichen Sprache in den Hintergrund getreten. Das Wort Qualität kommt von dem lateinischen ‚qualis' und benennt die Art und Weise, das ‚Wie'. Die deutsche Sprache gilt als die Sprache der Dichter und Denker. Tatsächlich verfügt sie über ein außerordentlich reiches Ausdrucksvermögen im Hinblick auf Wortschatz, Wortbildung und Grammatik. Mit ihr sind feine, differenzierte Darstellungen und Betrachtungen möglich.

Und doch ist die Sprache in erster Linie ein Mittel zum Zweck der Weitergabe von Informationen geworden. Das Gefühl für Sprache und der differenzierte Ausdruck sind mit der Quantität und der Schnelligkeit des Informationsaustauschs in den Hintergrund getreten, ja teilweise sogar verloren gegangen – eine Entwicklung, die sich in den letzten Jahren stark beschleunigt hat.

Gemessen an ihren Eltern oder gar Großeltern, haben die mittlere und die junge Generation einen vergleichsweise geringen, wenig differenzierten Wortschatz. Der aktive Wortschatz ist ebenso stark zurückgegangen wie der sichere Umgang mit Grammatik und Satzbau. Erzieher, Grundschullehrer, Lehrer an weiterführenden Schulen und Ausbilder können davon berichten, und Weiterbilder in den verschiedensten Bereichen von Wirtschaft, Pädagogik und Medizin werden darüber klagen.

Es lohnt sich, neben der Quantität auch der Qualität der Informationen Aufmerksamkeit zu schenken. Die Auswirkungen eines geringen Wortschatzes und einer schwachen Grammatik reichen weit und sind dramatisch. Eine nuancierte Sprache hingegen fordert und fördert den Geist und formt differenzierte Persönlichkeiten.

Menschen, die vor dem zweiten Weltkrieg heranwuchsen, wurden mit einem reichen Wortschatz und einem reichen Lied- und Gedichtgut groß und kannten viele Märchen auswendig. Sie haben nicht nur einen umfangreicheren und differenzierteren Wortschatz als ihre Kinder und Enkel. Sie haben auch reichere Grammatikkenntnisse.

Noch ist dieses Wissen an Wortschatz und Grammatik vorhanden. Doch bereits bei der mittleren Generation ist dieses Wissen vielfach nur passives Wissen. Zwar kennen sie zahlreiche schon weitgehend aus dem allgemeinen Sprachgebrauch verschwundene Wörter und auch Grammatikformen noch aus dem Sprachgebrauch und Großeltern. Jedoch setzen sie sie nicht me

Unseren heutigen Kindern, Jugendlichen Erwachsenen fehlt das Verständnis für manche Gedichte und auch Märchen. Ihnen sind die Grammatikformen unbekannt. Die Lösung kar sein, alle Texte so zu gestalten, dass sie nur aus Sätzen mit minimaler Grammatik und minir schatz bestehen. Vielmehr ist es bedeutsam, Sprache wieder zu entdecken und neu zu belel

Hier liegt ein großer Schatz begraben, der wartet, gehoben zu werden. Sprache ist weit n gemein bekannt und bewusst ist. Jedes Wort auch jeder Laut und jeder Satz. Sie wirken u Wirklichkeit. Jeder Mensch schafft und gestalt Wirklichkeit und seine eigene Welt durch sein p Denken, Sprechen und Handeln. Und vor d steht die gesprochene und die gedachte Spra dividuelle Sprache offenbart von einem Mer mehr, als dieser auch nur im Entferntesten al bewirkt auch mit ihm selbst mehr, als er es a Entferntesten für möglich hält.

Jeder Mensch kann jederzeit damit beginne persönliche Sprache zu achten und damit ei Schatz heben. Gleichzeitig ist dies der Begi große Abenteuerreise: die Reise zu sich selbst.

ıgva Eterna?

na ist eine Art Sprachtraining, das den Blick lividuellen und auf den allgemein üblichen .uch lenkt und für die Wirkungsweise von ein- :ern, Redewendungen und von Satzbau sensi- bei bietet es jeweils sprachliche Alternativen em Konzept können Menschen eigene sprach- ' erkennen und wandeln.

gewohnten Ausdrucksweise erhalten Men- e Denk- und Verhaltensmuster aufrecht. Durch : Änderung der Wortwahl oder des Satzbaus : eine ungeahnte und nachhaltige Wirkung auf Sprechen und Handeln und eröffnen sich so ıngsspielräume.

ıen Sprechen achten Menschen auf den Inhalt sie gerade sagen oder hören. Wenn jemand sie :u wiederholen, was sie eben gesagt haben, t ihnen dies in Hinblick auf den Inhalt leicht.

In Hinblick auf die Form und die Struktur des Satzes werden sie sich jedoch nicht erinnern. Sie werden nicht wissen, ob sie vorher einen Aktiv- oder einen Passivsatz gebildet hatten, ob sie einen Nebensatz formuliert hatten oder nicht, und sie werden sich auch nicht sicher erinnern, welche Wörter sie genau benutzt hatten. Dies hat für den Inhalt auch keine Bedeutung.

Und doch transportiert die sprachliche Struktur eines Satzes oder einer Darstellung eine eigene Botschaft. Sie sagt etwas von dem Sprecher, und sie hat eine Wirkung auf ihn selbst und auch auf sein Umfeld. Bei Lingva Eterna interessieren wir uns für diese sprachliche Struktur. Die Wörter, die ein Mensch gebraucht, entsprechen den Bausteinen seines Lebens. Und sein individueller Satzbau entspricht dem Bauplan seines Lebens. Mit ihnen zeigt er sich, und mit ihnen gestaltet er immerfort neu sein Leben.

Es lohnt sich, hinzuschauen und hinzulauschen! Dann wird es möglich, die eigene Sprache und den eigenen Sprachgebrauch völlig neu zu erfahren. Mit gezielten, scheinbar minimalen Änderungen des gewohnten Sprachgebrauchs kann es gelingen, dem eigenen Leben eine wohltuende Wende zu geben. Ich bitte Sie noch um etwas Geduld. Zahlreiche Beispiele aus Situationen des Alltags werden Ihnen Anregungen geben, die Wirkung einer neuen Formulierung auszuprobieren und Erkenntnisse für sich selbst zu gewinnen.

Die individuelle Ausdrucksweise eines Menschen steht in direktem Zusammenhang mit tiefen Prägungen und mit seiner Lebensgeschichte. Mit jedem Wort sind individuelle Erinnerungen und Gefühle gespeichert. Diese schwingen bei allen Äußerungen mit und können die ursprünglich beabsichtigte Botschaft verändern und belasten.

Mit steigendem Bewusstsein für die Sprache und ihre Wirkungsweise gestalten Menschen ihre Kommunikation klar, eindeutig und wohlwollend. Herz und Verstand sprechen dieselbe Sprache. So gelingt die tägliche Kommunikation leicht. Und indem Sie bewusst genauso denken, sprechen und handeln, wie Sie es tun, gestalten Sie gleichzeitig Ihr Leben. Dabei können Sie bewusst die eine oder andere Formulierung neu wählen und die Wirkung beobachten. Sie erleben jeden Tag neu die Kraft der Sprache.

Am Anfang stand die mutige und kluge Ber einer Ärztin

Ich hatte schon immer Freude an Sprachen studierte Englisch, Französisch und Arabisc Schwerpunkt Sprachwissenschaften. Am Ende diums glaubte ich als typische Anfängerin, nur alles Wesentliche zum Thema Sprache. Ich wa Studium mehrere Jahre in der Industrie als T tätig und befasste mich mit Fachwortschatz. D mich etliche neue Aspekte von Sprache. In die ratete ich. Wir bekamen zwei gesunde, munter

Mit der Geburt des ersten Kindes beendet Berufstätigkeit und widmete mich meiner Fami te in dieser Zeit, wie bedeutsam die Entwicklun für die Sprachentwicklung ist, und bildete mi gogischen und förderpädagogischen Bereich w eröffnete sich mir ein neuer Blickwinkel auf Sp

Mir wurde immer klarer, dass Sprachentw Sinnesentwicklung Hand in Hand gehen. Di nur bei Kindern. Auch beim Erwachsenen g Sprache an Kraft, wenn er sie fühlt und mit Lei bei der Sache ist.

Dieses Wissen und diese Erfahrungen flie und sinnesbetont in das Konzept Lingva Ete sind eine wesentliche Basis für dessen nachl kung.

Zu diesen Erfahrungen kam wenige Jahre große Herausforderung. Damals erkrankte me einem chronischen Leiden und brauchte imme ne Hilfe. Dabei kam ich oft an meine Grenze über sie hinaus. Mit ihm und durch ihn lernte i che und ihre Wirkung von einer nochmals

Besuch bei einer Ärztin und ihre ebenso kluge
Bemerkung sollten ein Wendepunkt in mei-
verden.
e meinen Mann wegen einer Untersuchung
ren und ihm die Treppe hinauf geholfen. Nach
chung wechselte die Ärztin auch einige Sätze
ın hielt sie inne, schaute mich aufmerksam an
eine Bemerkung, die mein Leben in Bewegung
wie Sie reden, denken Sie falsch. So können
t niemals tragen." Sie nannte mir eine Adresse
och: „Lernen Sie, anders zu denken! Das alles
l zu umfangreich, als dass ich es Ihnen auf
erklären könnte. Gehen Sie dahin. Ich kenne
Sagen Sie ihm schöne Grüße von mir!" Dabei
nich aufmunternd an.
merkung brachte mich in Gang.
ıchte gezielt Zusatzausbildungen und durfte
Kostbare erfahren und erkennen, was mit Spra-
at. Von alledem hatte ich vorher noch nie auch
eise etwas gehört.
.990er Jahren entwickelte ich aus diesem rei-
s und auch intuitiv aus einzelnen Situationen
ı Sprach-Konzept. Anfangs nannte ich es noch
sches Sprachtraining®. Diese Bezeichnung ließ
vermuten und entsprach nicht wirklich dem
nd Inhalt der Seminare, die ich hielt.
schloss ich mich deswegen, diese Bezeichnung
u lassen und das Konzept von nun an Lingva
ıennen. Die Bezeichnung trifft den Kern: Sie
ırtlich ‚ewige Sprache'. Es geht hierbei um die
ıe Kraft der Sprache, die von Anfang an da
ıannesevangelium benennt diese Kraft in sei-
Satz: Im Anfang war das Wort.

2003 lernte ich durch eine glückliche Fügung Dr. med. Theodor von Stockert kennen und konnte ihn für eine Zusammenarbeit gewinnen. Er bringt sich seitdem mit seiner reichen Erfahrung als Arzt segensreich in die weitere Entwicklung von Lingva Eterna und in die Ausbildung der Dozenten ein. Er ist Neurologe und Psychiater und hat eine Zusatzausbildung im Qualitätsmanagement sowie weitere Zusatzqualifikationen. Viele Jahre befasste er sich in Deutschland und im Rahmen eines DFG Stipendiums in Boston/USA mit Neuropsychologie, Neurolinguistik und Transaktionsanalyse. Dazu hat er etliche Publikationen verfasst. Er leitete in Erlangen viele Jahre lang eine neurologische Reha-Klinik.

Seine naturwissenschaftlich geprägte Vorgehensweise stellt eine ideale Ergänzung für den bislang pädagogisch geprägten Ansatz dar. In der Zusammenarbeit mit ihm hat Lingva Eterna erheblich an Struktur, Klarheit und Kraft und auch an Humor gewonnen.

Ein bedeutsamer Hinweis

Mit diesem Buch mag ich Sie anregen, mit Lingva Eterna Ihren eigenen Sprachgebrauch bewusster zu gestalten, als Sie dies bislang getan haben.

Bitte wandeln Sie nur Ihre eigene Sprache und lassen Sie andere Menschen so schreiben und sprechen, wie sie es tun. Jeder darf so reden und denken, wie er will. Sie werden möglicherweise erleben, dass andere Menschen Ihren gewandelten Sprachgebrauch wahrnehmen und sich eingeladen fühlen, auch an ihrer persönlichen Sprache etwas zu wandeln. Und daran dürfen Sie Ihre Freude haben. Behalten Sie diese Freude einfach für sich! Und bitte widerstehen Sie jeglicher Versuchung, das Dozieren zu beginnen! Lingva Eterna ist kein Instrument, um andere Menschen zu kritisieren, zu ändern oder zu belehren.

Die im Buch genannten Anregungen können Sie bei sich selbst anwenden und natürlich anderen von Ihren eigenen Erfahrungen erzählen. Nehmen Sie jedoch Abstand davon, die sprachlichen Gewohnheiten anderer Menschen interpretieren und auf sie einwirken zu wollen. Sie könnten damit weit mehr in Bewegung bringen, als Sie ahnen und wollen. Hierfür ist die Ausbildung zum Dozenten für Lingva Eterna erforderlich. Solche Dozenten finden Sie mittlerweile in zahlreichen Bundesländern.

Lingva Eterna ersetzt keinen Arzt und auch keine Psychotherapie. Sollten Sie eine solche Begleitung für sich in Anspruch nehmen, dann kann Lingva Eterna eine gute Ergänzung sein. Bitte informieren Sie Ihren Arzt oder Therapeuten.

2 Sprache ne

Entdecken Sie Ihre Muttersprache neu

Ich lade Sie ein, mit Lingva Eterna Ihre Muttersprache neu zu erleben und sie mit allen Sinnen zu entdecken. Erlauben Sie sich, Sprache zu fühlen. Horchen Sie in sich hinein. Dies ist ganz einfach. Und vielleicht ist es einfach neu für Sie. Lassen Sie sich überraschen.

Sprache entfaltet erst dann ihre volle Kraft, wenn wir sie nicht nur denken, sondern auch gleichzeitig fühlen. Dann sprechen Kopf und Herz dieselbe Sprache. So entwickeln Sie ungeahnte Kräfte. Doch bevor dies möglich sein wird, lassen Sie sich bitte auf einige für Sie wahrscheinlich völlig neue Anregungen und Erfahrungen ein.

Denken geschieht mit dem Kopf. Menschen denken und machen sich viele Gedanken. Es ist eine herausragende Fähigkeit des Menschen, sich Gedanken machen und bewusst denken zu können. Tiere können das in diesem Maße nicht.

Viele der Gedanken, die sich Menschen machen, bleiben im Kopf. Sie finden nicht den Weg ins Tun, in die Handlung. Menschen machen sich Gedanken und nochmals Gedanken. Sie überlegen noch dieses und jenes und machen es sich auf diese Weise kompliziert, komplizierter, als es sein müsste. Das Wort ‚überlegen' zeigt schon, dass sie etwas ‚darüber legen'. Irgendwann ist die Mauer so hoch, dass sie darüber nicht mehr hinaus sehen können.

Der bewusste Umgang mit der Sprache und mit dem Wort führt aus diesem Kreisen der Gedanken heraus. Jedes einzelne Wort bezeichnet nicht nur einen Gedanken. Es benennt auch eine Handlung, ein Lebewesen oder einen Gegenstand. Ich sage „Hund", „Haus" oder „singen" und jeder weiß, was ich meine. Oder besser gesagt: Er denkt, dass er weiß, was ich meine. Es hat nämlich jeder sein eigenes inneres Bild. Für den einen ist ein Hund ein Dackel und für den zweiten ist es ein Schäferhund.

So ist ein Wort nicht nur ein abstrakter, nur gedachter Gedanke. So etwas gibt es nicht. Ein Wort greift immer ins konkrete Leben hinein. Und das Leben ist handfest und nicht abstrakt. Es umfasst neben dem Gegenstand oder der Handlung, die es bezeichnet, immer auch Gefühle und Empfindungen. Diese inneren Bilder, Klänge und Empfindungen bleiben im Allgemeinen unter der Schwelle des Bewusstseins. Menschen reden schnell und viel und geben dem einzelnen Wort nur wenig Raum. So erfassen und

spüren sie nicht, was ein Wort oder eine Redew
sie selbst und auch für einen Gesprächspartı
bedeutet. Und „wirklich" heißt: die Wirkung
die Wirkung erkennen.

Ich lade Sie ein, Sprache zu fühlen und s
Sinnen wahrzunehmen. Hören Sie in sich hin
sen Sie Worte nachklingen. Kosten Sie Worte. L
sich auf der Zunge zergehen. Sind sie wohlsc
Oder hinterlassen sie einen bitteren Beigeschm
Sie in sich hinein.

Es ist aufregend, Sprache zu fühlen. Indem Sie
ses Erleben einlassen, geschieht etwas Bemer
Sie werden ein Wort nicht nur hören und mi
verstehen. Sie werden ein Wort denken und
seine Wirkung in sich spüren und es so buch
den Händen erfassen.

Herz und Verstand sprechen dieselbe Spr
bündeln Sie Ihre Energie und fokussieren si
Punkt. Das ist für viele Menschen so neu, dass s
neu erfahren und kennen lernen. Manche Teilr

:e beschreiben dies mit dem Gefühl, dass sie
:k in die Erde gerammt sind und einen klaren,
lort haben. Oder sie wählen das Bild vom
:ssen Mitte das Auge ist. Dort ist es windstill.
ınn, dass sie sich nun an dieser ruhigen Stelle
ırt, wo in der Ruhe die Kraft liegt.

ne machtvolle Erfahrung, zu erleben, wie bei
sst gesprochenen und gefühlten Wort Denken,
ıd Fühlen in Einklang geraten. So kommen
e und Geist zusammen. Der Geist gelangt zur
n dieser Ruhe liegt die Kraft, von der so oft die

er Kultur nimmt das Denken noch viel zu viel
'as viele Denken hindert uns daran, ins Fühlen
s Handeln zu kommen. All das gehört zusam-
enken darf sich nicht verselbständigen. Sonst
:ache herz- und kraftlos.

:t ‚denken' ist in der Alltagssprache weit ver-
mehr als das Wort ‚fühlen'. Entsprechend den-
ıschen mehr als dass sie fühlen. Die Gefühle
ıserer Gesellschaft einen deutlich geringeren
als die Gedanken. So kommt es, dass viele
on ihren Gefühlen abgeschnitten sind. Sie sind
los, oder genauer gesagt: Sie wirken gefühllos.
<en tatsächlich: Sie haben eine Wirkung. In Ge-
iel Kraft gebunden. Wenn jemand mit seinen
ıt in Kontakt ist, dann kann er auch aus dieser
ɔfen. Gefühllosen Menschen ist dieses Potenti-
ıd versperrt.

ist ein bewusster Akt. Häufig jedoch denken
icht wirklich, wenn ihnen hundert Gedanken
opf gehen. Vielmehr kreist in ihnen eine Schall-
te Gedankengänge und Argumentationsketten

immer wieder von Neuem abspielt. Oder es drängen sich ihnen Gedanken auf, die sie sich nicht selbst machen. Sie denken nicht. Sie denken nur, dass sie denken. Die guten Lösungen und die guten Ideen, die aus schwierigen Situationen herausführen können, kommen selten aus dem Kopf und auch selten am Schreibtisch. Sie sind auf einmal da, beim Duschen, beim Spazierengehen oder ganz einfach über Nacht.

Statt ‚denken' und ‚nachdenken' sagen manche Menschen, dass sie sich etwas durch den Kopf gehen lassen oder gar, dass sie sich den Kopf zerbrechen. Das sind erstens merkwürdige Bilder. Und zweitens zeigen diese Redewendungen deutlich, dass das Denken im Kopf angesiedelt ist und nicht im Bauch oder Herzen.

Zu viel Denken lädt Kopfschmerzen ein

Es ist naheliegend, dass sich bei so viel Denken Kopfschmerzen einstellen können. Der Kopf ist einseitig überlastet und meldet sich auf seine Weise. Der Gebrauch des Wortes ‚denken' ist vielfach nur durch eine jahrelange Gewohnheit zu erklären. Meist hat der Gebrauch dieses Wortes mit Denken nichts zu tun.

Ich lade Sie für eine Entdeckungsreise ein. Entdecken Sie, wie oft Sie ‚denken' hören und sagen. Achten Sie in einem weiteren Schritt auch auf Zusammensetzungen mit ‚denken' wie ‚nachdenken', ‚ausdenken', ‚bedenken' und zahlreiche andere. Dann probieren Sie Alternativen aus. Es gibt so viele Möglichkeiten, nicht zwanghaft denken zu müssen. Was können Sie noch sagen statt immerfort ‚ich denke' oder ‚ich denke nach' oder ‚ich denke schon' oder auch ‚ich denke nicht'?

Gelegenheiten bieten sich bei jeder Gelegenheit. Ich mag Ihnen zwei Beispiele nennen. Ich stelle mir vor, dass jemand Sie anspricht und sagt: „Kommst du heute Abend zu der Informationsveranstaltung in den Gemeindesaal?" Sie können sagen: „Ich denke schon." Sie können statt dessen auch sagen: „Ich werde voraussichtlich kommen." Oder: „Ich habe vor zu kommen." Oder: „Ja, ich werde heute Abend kommen." Sie werden sicher noch weitere Möglichkeiten finden.

In dem Moment, in dem Sie nicht mehr gewohnheitsmäßig ‚denken' sagen, machen Sie sich und damit auch dem anderen bewusst, was Sie wirklich meinen. Sie gewinnen Klarheit und Präsenz. Und Sie eröffnen sich mehr von Ihrem Potential und bleiben nicht nur in Ihrem Kopf, indem Sie das einseitige Denken beenden. Dies ist die wesentliche Bedeutung und Wirkung dieser scheinbar kleinen Sprachübung.

Denkfasten hilft weiter

Ich empfehle meinen Seminarteilnehmern gern ein ‚Denkfasten' für vier Wochen. In dieser Zeit wählen sie bewusst Alternativen für das Wort ‚denken' und seine Zusammensetzungen und Ableitungen oder lassen es einfach weg. Danach dürfen sie das Wort ‚denken' wieder gebrauchen, so wie es ihnen dann angenehm ist. Dieses Denkfasten klingt ganz einfach. Und doch ist die Durchführung eine wirkliche Herausforderung und erfordert eine Portion Humor und Durchhaltevermögen.

Parallel lenke ich die Aufmerksamkeit des Seminarteilnehmers auf das Wort ‚fühlen' und damit auf die Sinne. So lädt der Seminarteilnehmer gleichzeitig mehr Fühlen in

sein Leben ein und lädt allzu einseitiges Den
nem Leben aus.

Wenn Menschen in ihrer alltäglichen Spra
dem Fühlen Raum geben und das Denken a
gemessenen Platz weisen, dann kommt sanft
tuende Entwicklung in Gang. Diese wird scho
bar und spürbar.

Es ist interessant, dass die Frage „Wie fühl
nicht bewusst das Fühlen anspricht. Viele Mens
dass sie sich schlecht fühlen, wenn sie ihre
deutlich spüren, wie schon lange nicht mehr.
es für sich allein und auch in vielen schönen
setzungen. Etliche davon sind aus der Mode
und es lohnt sich, sie wieder zu beleben. Das
und das Mitgefühl sind zwei von ihnen.

Sprache ist nicht nur zum Denken da. In i
große Kraft. Sie wird frei, sobald wir bereit si
zu fühlen, zu tun und gleichzeitig zu denken. I
als ein großes Geschenk. Es liegt an mir, wie
sem Geschenk umgehe. Mit dieser Einsicht
Denken zum Danken gekommen. Das Leben i
mache mir nun dank Lingva Eterna nicht m
Gedanken. Ich Geh-Danken.

Ich lade Sie ein zu einer Wortprobe

Mit Wortproben lade ich Sie ein, einzelne
auch einen Satz zu hören, zu schmecken, zu
mit allen Sinnen, mit dem ganzen Sein wah
Die normale, flüssige Sprache ist viel zu schnel
möglich wäre, einzelne Wörter und Sätze in ih
und Wirkung bewusst wahrzunehmen.

sind eine Basisübung von Lingva Eterna. Sie
eine für viele Menschen neue Erfahrung: Wör-
ch schmecken und fühlen. Einzelne, aus dem
ausgelöste Wörter können eine angenehme
ɔen oder auch eine unangenehme. Wir können
ı, als samtig oder auch als hart oder rau emp-
/ieles mehr.

Wortprobe gebe ich einzelnen Wörtern Raum,
alten und zu schwingen und fühlbar zu wer-
ı sich jeder Sprecher und jeder Hörer bewusst
che Wirkung ein Wort oder ein Satz auf ihn hat.
Ihnen nun einige Wörter an. Ich schreibe sie
er mit Gedankenstrichen zwischen den einzel-
ı. Lesen Sie sie langsam und halblaut und ma-
eils eine kurze Pause zwischen den Wörtern.
e dem Klang und horchen Sie in sich hinein.
hre Aufmerksamkeit darauf, ob ein Wort in Ih-
ıme oder unangenehme Gefühle auslöst. Wo
ie in Ihrem Körper? Haben Sie innere Bilder
ıe oder vielleicht sogar einen kurzen Film? Was
/Iimik?

gen einzelne Wörter für die angekündigte
Quelle – Quellwasser – Mineralwasser – Apfel-
menwiese – Telefon – Flughafen – Airport –
ıeln – Dankeschön.

ıt mögen Sie dabei die Augen schließen und
ıuf den Bauch legen. So ist es für viele Men-
ichtesten, sich auf die Wortprobe einzulassen
en Sinnen zu lauschen und zu fühlen. Jeder
mit den einzelnen Wörtern seine ureigenen
gen und Erinnerungen. Sie schwingen bei jeder
nbewusst mit und stören vielfach die bewuss-

Gab es dabei Wörter, die bei Ihnen angenehme Empfindungen auslösen? Gab es welche, die unangenehme Empfindungen auslösen?

Wie war für Sie das Wort ‚Apfelbaum'? Und wie sieht Ihr Apfelbaum aus? Übrigens ist es bedeutsam, dass ein Mensch mit einem Wort ein inneres Bild und eigene Erfahrungen assoziieren kann. Wenn er dies nicht kann, dann haben seine Worte kein Leben und sie klingen gefühlskalt.

Und wie erging es Ihnen mit den Wörtern ‚Flughafen' und ‚Airport'? Hatten Sie dieselben Bilder und Empfindungen? Jeder weiß, dass beide Wörter dasselbe bedeuten. Das eine ist deutsch und das andere englisch. Bemerkenswerterweise lösen beide Worte bei so gut wie allen Menschen unterschiedliche Empfindungen und Erinnerungen aus. Das eine mag Erinnerungen an den fröhlichen Urlaub in der Karibik auslösen und das andere hektische Aktivitäten am übervollen Flughafen vor einem Kongress. Diese Empfindungen schwingen beim Sprechen mit und haben einen Einfluss darauf, ob Sie einen Menschen als sympathisch oder scheinbar unbegründet als unsympathisch empfinden.

Die Wortproben ermöglichen es nicht nur, Sprache zu fühlen. Sie ermöglichen darüber hinaus eine weitere wesentliche Erfahrung: Denken und Fühlen kommen in Einklang. Lingva Eterna greift erst dann kraftvoll, wenn jemand bereit ist, seine Sprache zu fühlen. Wer seine Gedanken fühlt und gleichzeitig denkt, der steigert damit die Kraft seiner Gedanken und somit seine eigene Wirksamkeit.

Mit jedem Wort schwingen Speicherungen mit

Das bewusste Fühlen einzelner Wörter und Sätze ist für die meisten Menschen völlig neu. Es war für mich eine Offenbarung, als ich damit begann, einzelnen Wörtern in dieser Weise Aufmerksamkeit zu schenken. Dies war lange nach dem Abschluss meines Fremdsprachenstudiums. Während meiner Jahre an der Hochschule hatte ich nie darauf geachtet, auch meine Lehrer haben mich nie darauf hingewiesen. Ein sogenannter Zufall wies mir den Weg.

Mit jedem einzelnen Wort schwingen Speicherungen mit. Sie sind ganz und gar individuell. Jeder Mensch hat dabei seine eigenen Erfahrungen, Bilder und Klänge und Assoziationen gespeichert. Diese Speicherungen können angenehm und wohltuend sein oder auch belasten und irritieren. Wir aktivieren sie jedes Mal unbewusst, wenn wir ein Wort sagen, lesen oder hören, und haben damit immer wieder neu eine Wirkung. So hat jedes Wort eine Wirkung auf den Sprecher, auf den Hörer und auf den Leser und erschafft immer wieder neu Wirklichkeit.

Die Steine wurden zum goldenen Schlüssel

Eine Frau bat mich um Rat und kam zu mir für eine Beratung. Cornelia Balthasar brachte ihr Anliegen vor und erzählte mir ihre Geschichte. Dabei wurde ich das erste Mal bewusst darauf aufmerksam, auf welche Weise sie ihre Geschichte erzählte. Sie hatte einen bemerkenswerten Wortschatz. Darin wurde eine eigenartige Konsequenz sichtbar. Hätte ich nicht „zufälligerweise" ihre gesundheitliche Vorgeschichte gekannt, wären mir diese Zusammenhänge wohl kaum aufgegangen.

Diese Zusammenhänge wurden mir das (diesem vollen Umfang bewusst, als Corneli. eine Frau um die Mitte 60, mich bei einer B Hilfe im Umgang mit ihrer alten Mutter bat. \ von ihrer alten Mutter sprach, gebrauchte : merkwürdigen Häufung folgende Redewen(steht bei Belastungen wie ein Fels in der Br: Lebensweg ist steinig und sie hat gerade w Brocken auf ihrem Lebensweg.

Das klang bei ihr folgendermaßen:

„Ich komme zu Ihnen wegen meiner Mutt und ich muss sie betreuen. Ich glaube, dass sagen kann, dass ich bei Schwierigkeiten im L(gemeinen wie ein Fels in der Brandung stehe. Zeit habe ich einen großen Brocken vor mir: M ist wieder ins Krankenhaus gekommen. Ich h mit ihr, schließlich hatte sie einen steinigen und kann ja auch nichts dafür. So gut als dies ı ist, will ich ihr gern Steine aus dem Weg räume erleichtern ..."

Ich horchte bei all ihren Steinen auf. Sie Steine, Brocken und Felsen in ihrer kurzen Dar: hörte zwei Geschichten parallel. Da war die dige Geschichte mit der Mutter. Und dann w eine zweite Geschichte im Hintergrund. Ich kor nicht sicher entschlüsseln. Ich hörte immer w und begann zu ahnen, dass dies von Bedeutun

In diesem Moment erinnerte ich mich dara nelia Balthasar lange Zeit mit ihren Nieren S(ten und wiederholt Nierensteine gehabt hatt brach ich ihre weiteren Ausführungen und ste Frage: „Frau Balthasar, darf ich Ihnen eine Fr

fmerksam Ihre Geschichte mit Ihrer Mutter. e noch etwas. Was bedeuten Steine für Sie?"
verwundert und irritiert. Sie sagte, dass sie sich icht interessiere und dass sie sie auch nicht r ihnen in irgendeiner Weise besondere Auft schenke. Steine seien einfach Steine. Ich folgeren Stimme und bat sie, das Wort „Stein" ngsam zu sagen und bei jedem einzelnen Wort usst in sich hinein zu horchen. Dies tat sie und ein – Stein – Stein – Stein". Bei den ersten drei ; das Wort neutral. Beim vierten Mal zuckte sie it ihrer rechten Hand spontan an ihre rechte fünften und letzten Mal verzerrte sich ihr Gees Wort weckt in mir schreckliche Erinnerunch hatte so fürchterliche Nierenkoliken und eßlich auch operiert." Sie begann schwer zu bewusst gesprochene Wort „Stein" hatte diese en wieder aufsteigen lassen.

hatte ihr aufgetragen, positiv zu denken und eine hinter sich zu lassen. Sie sollte nicht mehr eration und all den vorangegangenen Koliken e hatte sich all die Jahre an diese Weisung gen hatte sie dieses Thema noch nicht wirklich . In ihrem Wortschatz lebte es als Steine, Felsen n weiter. Mit diesem Sprachgebrauch reaktiie Steine jedes Mal neu, wenn sie eine Ause mit der entsprechenden unbewussten Speirauchte. Dies geschah immer, auch wenn sie anderen Themen sprach. So hatte sich das den Steinen auf einen anderen Lebensbereich e Energie war noch da.

irte ihr meine Sichtweise. Sie blickte mich fraaunend an: „Das leuchtet mir ein. Doch ist dies für mich völlig neu, die Nierensteine von früher nun im Kontext mit meiner Mutter neu zu sehen." Nach einem kurzen Schweigen fügte sie in der ihr eigenen Sprache an: „Nun bin ich wie versteinert." Diese Ausdrucksweise entsprach ihrer sprachlichen Prägung und auch ihrem langjährigen Lebensthema. Sie bemerkte sie selbst.

Wir sammelten danach gemeinsam Wörter und Redewendungen zum Thema ‚Steine', die sie in ihrem aktiven Sprachgebrauch hatte. Etliche davon verwendete sie häufig und selbstverständlich. Nie hatte sie sich etwas dabei gedacht. Sie waren ihr so normal vorgekommen. Sie waren ihr eben ‚vor gekommen', wirklich hervor gekommen, und haben sich auf diese Weise als Schlüsselwörter gezeigt. Dann begleitete ich sie dabei, Alternativen zu finden und so ihre Ausdrucksweise zu wandeln. Von nun an konnte sie auch auf der sprachlichen Ebene die Steine, Brocken und Felsen hinter sich lassen. Damit gab sie ihrem Leben eine heilsame Wende.

Danach sprachen wir noch von dem Thema, dessentwegen sie zu mir gekommen war; von dem Umgang mit ihrer Mutter. Als wesentliche Erkenntnis nahm Cornelia Balthasar von diesem Beratungsgespräch die Hinweise auf ihr Steine-Vokabular mit. Sie war entschlossen, die vielen Steine in ihrem täglichen Denken und Sprechen aufzuspüren und hinter sich zu lassen.

Nach einigen Monaten rief sie mich an und sagte mir freudig, dass vieles in ihrem Leben in Bewegung gekommen sei und dass sie nun eine noch nie gekannte Leichtigkeit erlebe. Ich freute mich mit ihr und wurde meinerseits hellwach für individuellen Sprachgebrauch und die darin enthaltenen Speicherungen.

In der Folgezeit habe ich dieses sprachliche Phänomen auch bei anderen Lebensthemen vielfältig wiedererlebt.

Es spielt bei Lingva Eterna eine große Rolle. So war dieses Beratungsgespräch ein großes Geschenk für mich selbst.

Speicherungen können auch lustig sein

Speicherungen zeigen sich auch in der Körpersprache, in Gestik und Mimik sowie in der Körperhaltung. Des Weiteren werden sie hörbar durch die Sprechgeschwindigkeit, die Stimmlage und den Tonfall. Aus diesem Grund hat jeder Mensch seine eigene Art, ein Wort zu sagen. Meist ist das jeweilige Wort bis hin zu Mimik und Gestik spontan immer wieder auf die gleiche Weise abrufbar. Nur ein bewusstes Ändern ermöglicht eine neue Variation.

Mit Lingva Eterna machen wir diese unbewussten Speicherungen bewusst. Ich lade Sie wieder ein zu einer Übung:

Ich bitte Sie, einzelne Wörter und Sätze zu sagen und zwei- oder dreimal zu wiederholen, so wie es Ihnen angenehm ist. Begleiten Sie die Wörter und Sätze jeweils mit Mimik und Gestik. Handeln Sie so, als ob Sie Pantomime machen würden.

Viel Spaß kann diese Übung bereiten, wenn Sie sie mit einer oder mehreren weiteren Personen gemeinsam machen. Dann können Sie Unterschiede sehen. Jeder bewegt sich nämlich auf seine Weise. Sie können dann auch probieren, jeweils die Bewegungen der anderen möglichst genau nachzumachen. Wie fühlen diese sich an? Manche dieser Bewegungen wirken bei einem anderen auf einmal kurios, während sie bis dahin normal zu sein schienen. Manche neue Bewegungen sind eine wohltuende Alternative und ein wertvoller Fund. Probieren Sie nes aus und entdecken Sie neue Möglichkeite zudrücken.

Beginnen Sie mit einem kleinen, alltäglich ‚klappen' wie in dem Satz: „Es wird schon klap Sie bitte: „Klappen" und wiederholen dieses weitere Male. Wie bewegen Sie sich? Was n Hände und Ihr Kopf und Ihre Füße? Wie bew Mund und wie Ihre Augenbrauen und die Stir

Danach machen Sie das gleiche mit dem gen'. Es drückt inhaltlich scheinbar das Gleic doch gibt es erhebliche Unterschiede. Wie bewe hier? Erleben und spüren Sie beide Varianten.

Sie können nun einen ganzen Satz ausprob Sie: „Ich muss jetzt noch schnell einkaufen." V Sie diesen Satz noch zwei weitere Male unc seine Wirkung. Wie bewegen Sie sich? Was r Hände und Ihr Gesicht? Wie schnell sprechen wiederholen Sie den gleichen Satz und lasse das „muss" weg. Geht das? Oder ändern Sie sp mehr als das Wörtchen ‚muss'? Wie klingt Ihr Erleben Sie, wie dieser Satz ist und welche Wi Sie und Ihr Umfeld hat.

Erst beim wiederholten Sprechen können holen, was Sie wirklich gesagt haben. Dann Ihre Worte, Ihre Stimmlage, Ihren Tonfall und I sprache bewusst wahrnehmen. Der Körper sp mit, auch wenn er starr und scheinbar passiv Dann ist auch dies eine Aussage. Beim Wieder den Ihnen Ihr Handeln und Fühlen bewusst. gesprochene Sprache ist so schnell, dass nie feinen Nuancen mitbekommt, es sei denn, er übtes Ohr und einen geübten Blick.

ıbewussten Signale sprechen oftmals eine an-e, als dies der Sprecher oder Autor will. Mit na machen wir Inkongruenzen bewusst. Der :ht oftmals eine andere Sprache, als der Kopf ıd wahrnimmt. Im Zweifelsfall kommt beim enen die körperliche oder emotionale Botschaft ıt diejenige, an die der Sprecher oder Autor ist eine reiche Quelle für sogenannte Missver-Hier kommt bei Hörenden und Lesenden eine ı, die dem Sprecher oder Schreiber nicht be-ıd dennoch unbewusst mitschwingt. Der Hö-esende fängt etwas auf, das dem anderen nicht Darum sage ich ‚sogenanntes Missverständ-

en lieber: Wählen oder entscheiden?

:ühren wir beim Sprechen im anderen etwas ı wir keine Ahnung haben. Ein Schlüsselwort ıgesprochenen eine Speicherung aus. Ein Para-t hierfür das Wort ‚entscheiden'. Die Aufforde-heiden Sie sich!" kann beim Angesprochenen lig die Geschichte seiner geschiedenen Eltern .gene Scheidungsgeschichte wachrufen und re-)ies wird ihm nicht bewusst werden. Die Ent-/ird ihm einfach unangenehm sein, so wie die ıehr als unangenehm ist oder war. Mit der Al-'ählen Sie bitte!" wird er leichter eine Wahl tref-als mit dem Satz „Entscheiden Sie sich!", egal ch der jeweilige Sprecher diesen Satz sagt.

.uch lustige und lustvolle Schlüsselwörter und ngen. Sie lösen angenehme und heitere Empfindungen und Wohlgefühl aus. Auch diese sind individuell. Hierbei kommt mir immer eine Zeile aus einem Gedicht von Christian Morgenstern in den Sinn. Sie löst in mir ein solches Wohlgefühl aus: „Selig lächelnd wie ein satter Säugling". Wohlgefühl lösen auch die Wörter ‚gemütlich' und ‚wonnig' aus, oder auch ‚ein köstliches Abendessen'. Es gibt noch viel mehr wohltuende Wörter.

Finden Sie Wörter, die Ihnen gut tun, und schreiben Sie sie auf. So können Sie sich einen eigenen, wahren Wort-Schatz schaffen. Integrieren Sie diese wohltuenden und wohlklingenden Wörter langsam in Ihren täglichen Sprachgebrauch. Es genügt, wenn Sie jede Woche eines dazunehmen.

Mit einer neuen Ausdrucksweise wandelt sich die Körperhaltung

Kleine, gezielte Änderungen im täglichen Sprachgebrauch haben eine Auswirkung auf die Körperhaltung. Dies geschieht sofort und nachhaltig. Ich sehe dies immer wieder an Seminarteilnehmern. Sie kommen an einem Wochenende zum Seminar und vier Wochen später wieder. Schon beim zweiten Mal kommen sie anders zur Tür herein. Sie sind aufrechter und glatter, und die Augen leuchten mehr als vorher. Manchmal erkennen Teilnehmer ihre Mit-Teilnehmer kaum wieder und sagen dies auch. Und jedes Mal freuen sich diejenigen, die sich wiedersehen, und nehmen glücklich ihre sichtliche Ent-Faltung und wachsende Lebendigkeit wahr. Sie beginnen einfach zu blühen.

Wie ist das möglich? Die scheinbar so kleinen Änderungen auf der sprachlichen Ebene setzen in Wahrheit an der Wurzel an. So gesehen hat Lingva Eterna einen radikalen Ansatz. Es setzt an der Radix an, an der Wurzel. Radix ist ein lateinisches Wort und bedeutet Wurzel. Schon von der Bibel wissen wir, dass im Anfang von allem das Wort war.

Ich lehre Menschen, ihre Muttersprache noch einmal neu zu erlernen. Ich leite sie an, Wörter neu zu erfahren und mit ihrem ganzen Sein zu erleben. Des Weiteren mache ich ihnen ihre tiefsitzenden und an einzelne Wörter gekoppelten Bewegungsmuster bewusst. Sie erleben voller Freude, dass ihr Körper spontan reagiert, wenn sie eine für sich neue Alternative wählen. Sie merken es selbst, wie sie beim Wort ‚Problem' in sich zusammensinken und wie sich ihre Wirbelsäule aufrichtet, wenn sie ‚Herausforderung' sagen. Sie haben dabei auch einen anderen Gesichtsausdruck und eine andere Körperhaltung. Sie strahlen mehr Kraft und mehr Präsenz aus. Ihr Umfeld nimmt sie neu wahr und behandelt sie auch entsprechend. Es bereitet mir große Freude, diese Ent-Wicklungen miterleben zu dürfen.

Eine Verkäuferin wächst über sich selbst hinaus

Ein wunderbares Beispiel lieferte eine Leserin meines Kartensatzes „Die Kraft der Sprache". Sie hatte die Anregungen der Anleitung aufgegriffen und hatte täglich vor einem großen Spiegel die Wirkung der einzelnen Sätze ausprobiert. Bei diesen 80 Karten steht in der oberen Hälfte der Vorderseite jeweils ein üblicher Satz und in der unteren Hälfte eine Alternative. Auf der Rückseite befindet sich eine Erklärung zu der jeweiligen Redewendung. Sie hatte einen Satz nach dem anderen ausprobiert und laut gesprochen und sich dabei beobachtet.

Sie arbeitet in einem Herrenoberbekleidu
und war zu jener Zeit im Verkauf eingesetzt. V
keine Kunden da waren, hatte sie sich eine de:
rausgegriffen, sich vor einen der Spiegel gest
beiden Textvarianten ausprobiert. Dann sagte s
weise: „Ich rede über die neue Kollegin." Un
spreche von der neuen Kollegin." Dabei hatte
obachtet und im Spiegel die Wirkung der jewe
auf ihre Körperhaltung und ihre Mimik und
hen. Sie bemerkte, dass sie bei den beiden Sät
terschiedliche Kopfhaltung einnahm und bei d
Satz ihr Rücken gerade war. Diese Beobachtu
sie ermuntert, auf ihre tägliche Sprache zu ach
sie konsequent und mit Humor.

Nach vier Monaten rief ihr Chef sie zu si
ihr, dass irgendetwas mit ihr geschehen sein
dass sie eine so klare und kraftvolle Ausstrah
ckelt habe. Er sagte, dass er ihr nun eine wesen
wortlichere Position zutraue, und bot ihr ein
höher gestellte Position im Unternehmen an. Si
und nahm die neue Stelle an. Ihre Freundin ka
zu uns ins Seminar und erzählte uns diese Ges

Mit einer neuen, nicht gewohnten Ausdruck
nen Menschen ihre automatisierten Verhalten
ihre Muster hinter sich lassen. Sie machen si
was sie sagen und was sie sagen wollen. Da
sie einen guten Kontakt mit sich selbst. Sie si
ganzen Aufmerksamkeit da. Auf diese Weis
sich auch ihre Gestik und Mimik. Ebenso b
auch ihre innere Unruhe, an der viele Mensche

Bewusstes Sprechen entschleunigt das D
Handeln und schließlich den Menschen als G

ln und Fühlen gehören zusammen. Sie sind ıander zu trennen. Und wenn sie auseinander 1, dann steht jemand neben sich und ist neben Er muss sich dann im besten Sinn des Wortes mmennehmen.

ɜn mich Menschen, wie es kommt, dass sich je-ngva Eterna in so kurzer Zeit so ändern kann. jedoch so nicht. Niemand ändert sich dabei. ɩe ich auch niemandem. Jeder ist in Ordnung t. Ich wünsche Menschen, dass sie sich finden, entwickeln und ihren Kern erstrahlen und die ɜn lassen. Wer sich auf die Kraft der Sprache beginnt, einzelne Wörter und Sätze zu fühlen ırkung wahrzunehmen, der kommt mit einer ührung, die in ihm liegt. Sie macht ihn stark hn auf. Diese Kraft ist für jeden da und wartet eckt zu werden.

Wissen Sie wirklich, was Sie sagen?

Kennen Sie Ihren Wortschatz?

Jeder Mensch wächst mit der Sprache seiner Umgebung auf. Er lernt sie als erstes von seinen Eltern und Verwandten, dann von seinen ErzieherInnen und LehrerInnen und dem Umfeld, in dem er lebt und sich aufhält. Er hört sie von klein auf und wird mit ihr groß und behält sie bis ins Alter bei.

Einzelne Wörter und Redewendungen sind ihm so selbstverständlich und vertraut, dass er sie im Allgemeinen nicht hinterfragt, ja nicht einmal wirklich wahrnimmt. Er kennt sie und gebraucht sie in den gleichen Situationen, in denen er sie als Kind oder junger Mensch kennen gelernt hat.

Und diesen so selbstverständlichen Sprachgebrauch wird derselbe Mensch an seine Schüler, Auszubildenden und an seine eigenen Kinder weitergeben. Dies wird ihm dabei nicht bewusst sein. Und so wird die nächste Generation mit seinem Sprachgebrauch groß werden. Dies geht so lange weiter, bis einmal jemand aufwacht und auf die Alltagssprache lauscht.

Das ist ein vielfältiges und reiches Entdeckungsfeld. Da gibt es die Sprache der Visionäre und Anführer, die Sprache der Opfer und Abhängigen, die Sprache der Hektiker, die Sprache der Erfolglosen, die Sprache der Gesunden und die Sprache der Kranken, die Sprache der Krieger, die Sprache der Schläger und die Sprache der Friedlichen und noch viele weitere Variationen. Kaum jemand achtet auf den individuellen Sprachgebrauch, weder bei sich selbst noch bei anderen Menschen.

Der individuelle Sprachgebrauch eines Menschen spiegelt seine bewussten und auch seine unbewussten Gedanken und seine Prägungen wieder. Er hat immer etwas mit ihm selbst zu tun und zeigt etwas von ihm. Wenn jemand sich ausdrückt, dann drückt er etwas aus sich heraus. Es kann nichts sein, was nicht in ihm wäre. Er drückt sich selbst aus.

Es lohnt sich, auf den eigenen Wortschatz zu achten. Wie Sie bereits wissen, sind die Wörter, die ein Mensch gebraucht, gleichsam die Bausteine seines Lebens. Und die Grammatik und der Satzbau entsprechen dem Bauplan seines Lebens. Es ist immer wieder aufregend und erhellend, auf die eigene Sprache zu schauen und zu horchen.

Wollen Sie mehr von sich selbst erfahren? Dann lernen Sie Ihren eigenen Sprachgebrauch kennen: Was sagen Sie wirklich? Welche Wirkung haben Sie mit Ihrem Denken und Sprechen? Und wollen Sie das so?

Es kann gut sein, dass Sie mit Ihrer persön
che glücklich sind und erkennen, dass Sie sel
Ihrem Denken und der damit einhergehend
Einstellung einen großen Anteil Ihres Glücks
kann auch anders sein.

Ich biete Ihnen mehrere Möglichkeiten an,
Alltagssprache kennen zu lernen. Gehen Sie s
Ernsthaftigkeit und auch mit einer angemesse
Humor an.

1. Lingva Eterna-Übung

Die erste Möglichkeit ist eine praktisch
den Alltag. Sie ist einfach und gleicl
sam. Führen Sie sie am Tag zwei- oder
jeweils fünf Minuten aus:

Denken Sie laut und wiederholen Sie bitte jede
Satz mehrfach, bis Sie jedes einzelne Wort ke
Sie sich sprechen und nehmen Sie jedes ei
wahr. Nehmen Sie seine wörtliche Bedeutung w
chen Sie in sich hinein. Fühlen Sie die Wirkung j
nen Satzes.

Es genügt, wenn Sie bei jedem Üben ein oder
beleuchten. Vielleicht fühlen Sie sich mit Ihren
Dann nehmen Sie dies freudig wahr. Vielleicht st
etwas. Dann können Sie Ihre Wortwahl ändern.

Das Üben kann bei Ihnen so klingen: „Oh, wi
Sonne scheint! Oh, wie schön die Sonne sche
schön die Sonne scheint!" Das klingt fröhlicl
friedlich. Möglicherweise denken Sie laut we

,Das ist ein guter Tag für meine Gartenarbeit! gleich die Zwiebeln in die Erde stecken." Da- Sie sich an den gestrigen Abend erinnern und :en laut aussprechen: „Wir hatten gestern eine . miteinander."

.ederholen Sie auch diesen Satz mehrfach und bis Sie ihn klar wahrgenommen haben. Ab lten Wiederholen haben Sie den Mord bei der . bemerkt? Wie geht es Ihnen nach dieser liesem Wort?

:erna-Übung

ihlen Sie ein bestimmtes Wort, das Sie oft sa- 1 oder bei anderen oft hören und das Sie stört. :lleicht mögen Sie mit dem Wort „muss" begin- n Wort „Problem" oder auch einem anderen. Sie dieses Wort dreimal und hören Sie in sich ;eht es Ihnen mit diesem Wort? Hat es eine Wir- ? Wie beschreiben Sie diese Wirkung?

hre Aufmerksamkeit für vier Wochen auf dieses en Sie es in Ihrer eigenen Sprache wahr und deren. Korrigieren Sie dabei bitte niemanden. ındere bitten, Sie bei Ihrer Sprache auf Ihre For- aufmerksam zu machen.

:ln Sie dieses eine von Ihnen gewählte, belas- Finden Sie neue Formulierungen, die Ihnen gut Sie auch hier die Wirkung. Beobachten Sie die r neuen Wortwahl in Ihrem Leben.

Martin machte diese Übung mit einem Wort, das zu seiner Lebenssituation passte. Er hatte einen übervollen Terminkalender und stand täglich unter großem Druck. Er wollte an seiner Situation etwas wandeln. Er wählte das Wort „müssen" als sein erstes Schlüsselwort und achtete vier Wochen lang auf dieses eine Wort. Erst jetzt merkte er, wie oft er „müssen" sagte. Er sagte es beinahe in jedem Satz, als er mit dieser Übung anfing. Erst da wurde es ihm bewusst. Wenn er von seiner Tagesplanung sprach, klang dies bei ihm bis dahin so: „Ich muss heute Vormittag zu zwei Besprechungen. Da müssen wir einige wichtige Fragen klären und dann einen Beschluss fassen. Am Nachmittag muss ich dann schon wieder in eine Sitzung. Dann muss ich schauen, dass ich rechtzeitig nach Hause komme, denn wir müssen heute ins Konzert. Da haben wir Karten."

Martin erschrak, als ihm sein Sprachgebrauch bewusst wurde. Er spürte den Druck, den er sich selbst und natürlich auch anderen damit machte, zusätzlich zu dem Druck, der sowieso schon da war. Nun sah er manche Bemerkungen seiner Mitarbeiter und auch seiner Frau in einem neuen Licht. Sie klagten oft darüber, dass er so viel Druck ausstrahle. Diese Einsicht machte es ihm leicht, auf seinen Sprachgebrauch zu achten.

Mit der Zeit gelang es ihm immer besser, sein „müssen" zu bemerken. Oftmals konnte er es einfach weglassen. Martin hatte Humor und er lachte immer wieder, wenn er bei sich schon wieder ein „müssen" entdeckt hatte. Er nahm es heiter und gelassen und wandelte so gut als möglich seinen Sprachgebrauch. Von Martin fiel Druck ab und er entspannte sich sichtlich. Nun konnte er mit den täglichen Anforderungen besser umgehen und fand kreative Lösungsansätze, die ihm vorher vor lauter Druck nicht in den Sinn gekommen waren. Damit strahlte er mehr innere

Sammlung aus und gewann in seinem Tun an Effizienz. Als Folge davon behandelte ihn sein Umfeld anders als vorher.

Für Martin war „müssen" das erste Schlüsselwort. Für Hildegard war es das Wort „Problem". Sie sprach bis dahin immer von Problemen, auch wenn keines da war. Dies wurde ihr bewusst, als sie ihre Gedanken laut aussprach: „Ich werde heute ein Geschenk für meine Kollegin kaufen. Das wird kein Problem sein." Sie bemerkte, wie oft sie dieses Wort gebrauchte – in allen möglichen Variationen wie „unproblematisch", „problembeladen" und „problemlos".

Sie machte Wortproben mit diesen einzelnen Wörtern und empfand sie als schwer. Sie sah im Spiegel, wie sie sich nach vorn beugte und ein ernstes Gesicht machte. Dieses Wort war in ihren persönlichen Sprachgebrauch geraten und hatte dort einen großen Platz eingenommen. Nun machte sie sich daran, das Wort „Problem" aus ihrer Alltagssprache herauszunehmen und Alternativen zu finden.

Hildegard sagte nun beispielsweise nicht mehr: „Der Kunde X. ist ein großes Problem für uns." Sie sagte jetzt: „Der Kunde X. stellt uns vor eine große Herausforderung." Statt „Mein Pferd ist völlig unproblematisch" sagte sie: „Mein Pferd hat einen guten Charakter und ist gut zu haben." Sie hatte Freude daran, Wörter und Redewendungen mit „Problem" zu entdecken und eines nach dem anderen zu wandeln. Sie beobachtete die Wirkung in ihrem Leben. Anfangs konnte sie es kaum glauben und doch war es so: In der Folge lösten sich manche Schwierigkeiten in ihrem Leben und sie gewann an Leichtigkeit. Sie hatte dem Problem-Denken den Rücken gekehrt und ihren inneren Blickwinkel gewandelt.

3. Lingva Eterna-Übung

Was sind Ihre ersten beiden Schlüssel\ Wählen Sie eines, das Sie hinter sich len, und wählen Sie als zweites ein Wc dem Sie in Ihrem Leben mehr Raum geben woll(Schreiben Sie zehn konkrete Sätze auf, in d(neue Wort in Ihrer persönlichen Sprache einen haben kann. Integrieren Sie es in Ihr Denken un Achten Sie vier Wochen lang auf diese beide wörter. Beobachten Sie die Wirkung in Ihrem Lel

Muss ich Sie wörtlich nehmen?

Die alltägliche Sprache ist manchmal kurios, u auf den zweiten Blick. Ausländer und Kinder manchmal schneller als jemand, der die allgen Ausdrucksweise schon oft gehört und als n(nommen hat. Wir gewöhnen uns alle an die S der wir groß werden, und wir empfinden die u Ausdrucksweise als völlig „normal". Wir wis mand meint, auch wenn er etwas anderes sag hat jedes Wort und auch jede Redewendung ei auch wenn wir sie so bestimmt nicht meinen

Wie ist es beispielsweise, wenn ein Außen(seinen Kunden vorbeifährt? Will er nun halten Oder will er wirklich vorbeifahren? Es ist ein: er sie nicht oder oft nicht erreicht. Er fährt b(vorbei.

Ähnlich ist es, wenn jemand einen Besu(will und sagt, dass er bei diesem Menschen v(Er kann ihn gar nicht sehen, wenn er nur vorb(

ischer Arzt erzählte aus dem Krankenhaus, in eutschland tätig ist. Er sprach von einer Situa- direkt nach der Mittagspause miterlebt hatte. ›at die Mitarbeiterin an der Anmeldung um ei- am Nachmittag. Diese Frau sagte, wie gesagt dem Mittagessen, folgenden bemerkenswerten eht leider nicht. Wir sind voll bis oben." Wie ist ehen? Dieser Satz klingt wie eine etwas derbe des Sättigungsgrades. Erst nach einem ver- Entschlüsseln der Botschaft ist klar, dass sie cht sich, sondern ihren Terminkalender meint. ;emeine Umgang mit Sprache ist wenig be- ımmt kaum jemand die Ungereimtheiten der ıommenen Sprache wahr. Dabei können sie .elem heiteren Gelächter sein.

ser gebräuchlichen Redewendungen befinden ıuem Hinhören an der Grenze des Spaßes und ıur bedingt lustig. So ist es beispielsweise mit ;emeinten Satz: „Ich habe ein Attentat auf dich e dich, mich bei der nächsten Sitzung zu ver- Angesprochene wird die Ankündigung des :ht ernst nehmen und dem Kollegen sagen, ob unsch erfüllen wird oder nicht. Und doch ist es dass Menschen so leicht über die Ankündi- Attentats hinweggehen. Wir haben uns an Be- ıttentaten gewöhnt. Sie sind leider ebenso all- orden wie sie in der Alltagssprache normal

:ahlreiche Redewendungen, die im Allgemei- ntlich! – nicht wörtlich zu nehmen sind. Da weise der friedliche Ehemann, der seine mit- dige Schwägerin regelmäßig am Telefon abwürgt. Dann ist da die vielgeschätzte Nachbarin, die von der Bombenstimmung bei ihrer letzten Einladung berichtet. Was sie wohl in Wirklichkeit mit ihren Gästen gemacht hat? Ebenso gefährlich klingt die an sich freundliche Therapeutin, die ihre Patienten umlegt, während sie in Wirklichkeit Änderungen in ihrem Terminplan vornimmt.

Besorgniserregend klingt es auch, wenn jemand seinen Gesprächspartner in einem Gespräch auf etwas festnageln oder aber auf die Folter spannen will. Es gibt da ein ganzes Qual- und Foltervokabular, das so manchen Menschen schrecklich leicht über die Lippen kommt. Obendrein gebrauchen sie es oftmals in an sich angenehmen Situationen. Vielleicht gehören Sie ja auch dazu und spannen jemanden vor seinem Geburtstag auf die Folter und verraten ihm nicht, mit welchem Geschenk Sie ihm eine Freude machen werden. Das ist schon fast sadistisch.

Ich ermuntere Sie, die allgemein übliche Sprache in ihrer wörtlichen Bedeutung zu betrachten. Beginnen Sie, die Sprache mit neuen Augen zu sehen und mit neuen Ohren zu hören. Sie werden zahlreiche Ausdrucksweisen irritierend und merkwürdig oder auch abstrus finden, die Sie bis dahin nie als solche wahrgenommen hatten. Der nächste Schritt mag dann sein, dass Sie solche Ausdrucksweisen für sich prüfen und wählen, ob Sie sie in Ihrem eigenen Sprachgebrauch behalten wollen oder nicht.

Viele der wörtlich genommenen Redewendungen und Ausdrucksweisen sind lustig. Ein Brasilianer erzählte mir, wie es ihm erging, als er das erste Mal von einem einwandfreien Gebäude gehört hatte. Er war sicher, dass es sich um eine Garage mit einer offenen Wand handeln würde. Er hatte herzlich gelacht, als er die wahre Bedeutung von ‚einwandfrei' erfuhr. Und was für ein Bild haben Sie, wenn

Sie hören, dass bei jemandem alles klappt? Ist das nicht furchtbar laut, wenn eine Klappe nach der anderen klappt?

Ich wünsche Ihnen Freude beim wörtlichen Beleuchten Ihrer täglichen Sprache!

Machen Sie ganze oder halbe Sätze?

Mit Lingva Eterna lenken wir unsere Aufmerksamkeit auf die Struktur der Sprache. Die Art und Weise, wie Menschen Sätze bilden, sagt viel von ihnen aus und hat gleichzeitig eine starke Wirkung auf sie selbst und auf ihr Umfeld.

Manche Menschen bilden vollständige Sätze. Bei ihnen ist jeder Satz komplett und rund. Ihre Sätze haben ein Subjekt, ein Prädikat und ein Objekt und am Ende einen Punkt, ein Fragezeichen oder ein Ausrufezeichen.

Ein einfacher Aussagesatz heißt dann beispielsweise so: „Ich öffne das Fenster." Dabei ist „ich" das Subjekt, „öffne" das Prädikat und „das Fenster" das Objekt.

Subjekt	Prädikat	Objekt
Ich	öffne	das Fenster

Als Frage an eine zweite Person heißt dieser Satz: „Öffnest du das Fenster?" und als Aufforderungssatz: „Öffne das Fenster!" Es klingt so einfach und so selbstverständlich. Hier stellt jeder Satz eine vollständige Einheit dar. Und doch ist die Wirklichkeit im Sprachgebrauch des Großteils der Bevölkerung ganz anders.

Menschen mit ganzen, vollständigen Sätzen und gut strukturiert. Sie strahlen dies auch aus ihre Art zu sprechen ihre Art der Körperbev ihre Ausstrahlung. Damit geben sie ein klares ! sich dessen im Einzelnen bewusst zu sein. Ihr nicht klar, dass ihr Satzbau vollständig ist. Sie von klein auf und kommen gar nicht auf die I ständige oder abgebrochene Sätze zu bilden. D nen gegen den Strich. So tun sie es auch nicht c Diese Menschen bilden die Minderheit der Bev

Der Großteil bildet unvollständige, halbe Menschen brechen ihre Sätze ab und setzen ı wieder neu an. Der abgebrochene Gedanke hä ständig in der Luft und der Gesprächspartner en, wie er mit den Satz- und Gedankenfragn kommt. Ein Satz kann dann so klingen: „Also, ich die Stadt gefahren zum, äh, die Handwe nicht rechtzeitig und dann kam mir halt alles der, also, in der Stadt war ich erstmal bei der B.

Solche Art zu reden ist für den Sprecher u den Hörer ermüdend. Menschen, die ihre Sätz Gedanken nicht zu Ende bringen, wirken konf organisiert. Sie verwirren und verwickeln si Gesprächspartner durch ihre Art zu sprechen ı ken. Auch in ihrem Leben bringen sie oftmals I nicht oder nur mit großem Aufwand zu einem

Es gibt vielerlei Möglichkeiten, unvollständ bilden. Eine Fehlerquelle für einen unvollständ das Fehlen des Subjekts. Viele Frauen, seltener ner, bilden Sätze oftmals ohne Subjekt. Bei ihn Satz so klingen: „Gehe jetzt zur Sitzung." Ode Kinder vom Fußball ab." Sie selbst kommen in nen Denken gar nicht vor. Es ist einsichtig, dä

ıt sehen und ihnen folglich auch keinen Dank
ɜlbst geben ein entsprechendes Signal und la-
'eld dazu ein.

ätze geben vollständige Botschaften und er-
ınd zeigen Erfüllung. Halbe Sätze zeigen und
angel. Bei ihnen fehlt immer etwas. Entweder
ıbjekt oder das Objekt oder auch ein ganzer
be und abgebrochene Sätze laden Fehler und
nlich ein. So wie die Worte eines Menschen
nen seines Leben entsprechen, so entspricht
ueller Satzbau dem Bauplan seines Lebens.

ɜnsch kann jederzeit lernen, vollständige Sätze
)ie Voraussetzung dafür ist einzig und allein
ɜchaft, auf seinen Satzbau zu achten und nur
che Sätze zu bilden. Dies klingt leichter als es
ang empfinden viele der an verworrene oder
ige Sätze gewöhnten Menschen diese einfache
befremdlich einfach. Ihnen fehlt das Kompli-
auch das Gehetzte. Doch schon bald merken
einfachen Sätze eine spürbar entlastende Wir-
re Lebensgestaltung haben. So manches wird
ch, was vorher kompliziert war oder gar un-
ɜchien. Und vieles kommt in ihr Leben, was
r fehlte und was sie sich oft schon lange ge-
ten. Diese Erfolgserlebnisse beflügeln.

lnete ihren Satzbau

n zu uns in einer zermürbenden Lebenssitua-
sie schier unerträglich war. Wenn sie sprach,
. die meisten Sätze unvollständig. Bei vielen
ɜ das Subjekt, und oftmals brach sie den Satz

mittendrin ab und setzte immer wieder neu an. Dieser Satzbau spiegelte direkt ihre Lebenssituation wider. Sie machte immer wieder einen neuen Anfang, und jedes Mal gab es einen neuen Bruch. Es war wie bei Sisyphus. Sie kam nicht wirklich weiter. Sie fing immer wieder von vorne an und war erschöpft.

Dann begann Cordula auf ihren Satzbau zu achten. Sie bemerkte erst jetzt, wie viele ihrer so dahin gedachten Sätze unvollständig waren. Hier konnte sie ansetzen. Nichts und niemand konnte ihr hier im Weg stehen, auch nicht die sogenannten äußeren Umstände. Cordula lenkte in den nächsten vier Wochen ihre Aufmerksamkeit in erster Linie auf den Satzbau. Danach griff sie weitere sprachliche Anregungen auf. Sie wurde in den kommenden Wochen emotional sichtlich stabiler und konnte ihre extrem schwierige Situation zunehmend souverän handhaben.

Während sie Ordnung in ihren Satzbau brachte, ordnete sich Schritt für Schritt manches in ihrem Leben und fügte sich auf wundersame Art. Dies begann damit, dass sie wie im Handumdrehen eine neue Wohnung fand, die für sie wie maßgeschneidert und gut bezahlbar war. Und so ging es mit einigen Dingen, die sie sich schon lange gewünscht hatte. Sie sah und staunte. Ihr wurde die Wirkung von Denken und Sprechen auf das Erleben im Alltag klar. Sie erkannte, welche schöpferische Kraft in der Sprache liegt und welche Möglichkeiten sich ihr nun auftaten. Eine tiefe Ehrfurcht packte sie und gleichzeitig eine riesige Freude. Sie fühlte große Dankbarkeit.

Als ich sie wieder sah, strahlten ihre Augen. Sie kam mit anmutigem Schritt aufrecht herein. Sie war innerlich und auch äußerlich sichtlich aufgerichtet. Das Bittere und Traurige war von ihr gewichen. Statt dessen strahlte sie etwas Weiches und Hoffnungsfrohes aus.

Bandwurmsätze machen das Leben kompliziert

Lange, komplizierte Sätze gelten vielfach als Ausdruck von Bildung. Sie erfordern und schulen ein kompliziertes Denken. Sie sprechen in erster Linie den Verstand und das Denken an, wobei sie das Denken einseitig überbetonen. Die guten Ideen kommen nicht aus dem Verstand und dem Denken. Sie kommen oftmals gerade dann, wenn ein Mensch innerlich gelöst ist, sich einfach wohlfühlt und an gar nichts denkt. Aus diesem Grund lohnt es sich, das übermäßige Betonen des Denkens zu erkennen und an manchen Stellen bewusst einfach zu werden. Die langen Sätze bieten sich hier als Übungsfeld an.

Es ist eine große Herausforderung, statt langer Sätze kurze Sätze zu bilden. Vielen Menschen fehlt am Anfang das Komplizierte, Verschachtelte, an das sie sich in ihrer Alltagssprache und in ihrem Leben so gewöhnt haben. Vieles wird dann in der Ausdrucksweise auf einmal so einfach und so klar, dass es ihnen erst einmal neu und beinahe fremd ist. Sie erleben in der Folge, dass sie mit ihren Mitmenschen viel leichter klarkommen als vorher und dass ihnen manches leicht gelingt, was vorher nur schwer oder mit Mühe möglich war.

Das Bilden kurzer Sätze bringt ein Umdenken mit sich. Ich mag Ihnen dafür ein Beispiel geben. Dafür wähle ich einen ganz alltäglichen „weil"-Satz: „Ich lerne heute noch zwei Stunden, weil ich eine Prüfung vorbereite." Mit diesem Nebensatz liefert der Sprecher den Grund für das Lernen nach. Dadurch klingt dieser Nebensatz wie eine Rechtfertigung. Diesen komplexen Satz löse ich auf und mache daraus zwei Sätze: „Ich bereite eine Prüfung vor. Darum lerne ich heute noch zwei Stunden." Diese beiden Sätze sind in sich vollständig. Sie haben beide eine klare Aus-

sage. Mit diesem Satz wirkt der Sprecher kl
orientiert. Er hat Kraft und Klarheit in seiner A
auch in seinem Tun.

Die Wirkung von kurzen Sätzen ist faszin
ze, einfache Sätze bringen Klärung und Klarhe
fen Ordnung und machen vieles einfach. Es gib
selwirkung von komplizierten, verschachtelten
komplizierten Lebenssituationen und auch ei
wirkung von einfachem, klarem Denken und S
klarem, gut strukturiertem Handeln.

4. Lingva Eterna-Übung

Wollen Sie die Wirkung von einfache
fahren? Ich lade Sie ein zu einer Übun
sie das Nebensatz-Fasten:

Fasten Sie vier Wochen lang Nebensätze. Bilde
zweimal für eine halbe Stunde nur kurze, vollst
ohne jeglichen Nebensatz. Sprechen Sie langsa
Sie in sich hinein.

Wie empfinden Sie die Wirkung der kurzen Sä
selbst und auf Ihr Umfeld?

Beobachten Sie, was sich in dieser Zeit in Ihre
wegt.

elodie ist verräterisch

odie zeigt viel von einem Menschen. In der en Kinder zu lesen. Beim Vorlesen einer Ge- ıen sie von ihren Lehrern und Lehrerinnen, am Satzes mit der Stimme nach unten zu gehen. m Satzende zeigt ihnen an, wann sie die Stim- n. Beim Vorlesen senken die Kinder und auch hsene die Stimme am Ende eines Aussage-

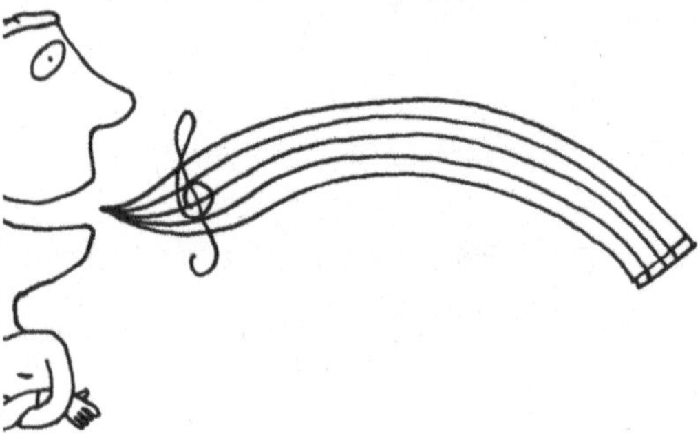

en in den verschiedenen Situationen des All- nderen Gesetzmäßigkeiten als das laute Lesen en. Erwachsene und auch Schulkinder spre- : sie es schon als kleine Kinder in der Familie, ße und von ihrem Umfeld gelernt haben. Das : die Satzmelodie, und hier natürlich auch für ı Sprechen bleiben diese wie andere Erwach- it der Stimme in der Luft hängen.

Müssen Sie manches mehrmals sagen?

Beim Großteil der Erwachsenen bleibt die Stimme am Ende eines Aussagesatzes oben. Die Satzmelodie steigt bei ihnen vom ersten Wort eines Satzes an kontinuierlich nach oben an. Die Wörter fliegen gleichsam davon. Die Stimme senkt sich nicht wieder ab. Der Satz bleibt offen. Dann beginnt eine neue Aussage und wieder steigt die Satzmelodie von unten nach oben bis hin zum Ende eines Gedankens. Dann wiederholt sich das Muster. Diese Menschen machen nur selten wirklich einen Punkt. Sie kommen auch im übertragenen Sinn nicht auf den Punkt. Es ist ermüdend, sie anzuhören. Bereits nach wenigen Minuten lässt auch beim besten Willen die Konzentration des Hinhörenden nach.

Menschen mit einer solchen beständig von Neuem ansteigenden Satzmelodie arbeiten in ihrem Leben zu viel, gemessen an dem, was dabei herauskommt. Sie fangen immer wieder von vorne an: Sie roden, sie pflügen, sie eggen, sie säen, sie pflegen – und wenn es Zeit für die Ernte ist, dann sind sie nicht da. Sie überlassen die Ernte anderen, ohne dies bewusst zu tun. Sie laden Früchteklauer in ihr Leben regelrecht ein. Diese fahren dann die Ernte ein und leben auf ihre Kosten. Sie danken ihnen dafür nicht. Während die Früchteklauer ernten, sind sie schon wieder dabei, sich anzustrengen und sich Mühe zu geben. Sie roden dann schon wieder und pflügen und eggen usw. Das geht immer so weiter. Sie sind es so gewöhnt und kennen es nicht anders. Darum finden sie es auch so, wie es ist, normal. Sie sind wie in einem Hamsterrad. Menschen mit dieser Prägung haben eine charakteristische Satzmelodie.

Erika ist in dieser Hinsicht ein Musterbeispiel. Als ich sie kennen lernte, war sie beruflich chronisch überlastet und privat hatte sie Schwierigkeiten, sich von Problemgeschichten ihrer Freundinnen abzugrenzen. Sie fühlte sich von ihnen belastet und gleichzeitig wollte sie ihren Freundinnen helfen. Nach ihrer Aussage war sie offen für alles und konnte sich nicht abgrenzen. Erikas Lebenssituation fand ihre Entsprechung in der Satzmelodie: Ihre Sätze blieben am Ende beinahe immer offen. Sie war nicht ganz dicht.

Bald erkannte sie einen Zusammenhang zwischen ihrer Satzmelodie und ihrem Leben. Sie arbeitete ohne Pausen. Wenn ihre Kollegen eine Pause machten, ging sie schon wieder an die nächste Arbeit. Sie arbeitete pausenlos. Ihre Satzmelodie war ein Spiegelbild dieser Handlungsweise. Sie begann ganz normal mit einem Satz und führte ihre Stimme mit einem Gedanken immer weiter nach oben. Dabei kam sie nie auf den Punkt. Sie reihte einen Gedanken an den anderen oder auch nur ein Gedankenfragment an das andere. Selbst bei einfachen, kurzen Sätzen blieb sie mit ihrer Stimme am Satzende hoch oben. Ihre Stimme war ermüdend – und sie kam nie auf den Punkt.

Ich machte Erika auf ihre Satzmelodie aufmerksam und bot ihr eine Übung an. Sie willigte interessiert ein. Ich bat sie, ein paar Sätze aus ihrem Alltag zu erzählen. Ich kündigte ihr an, dass ich sie bereits nach drei bis vier Sätzen ansprechen und unterbrechen würde. Erika begann aus ihrem beruflichen Alltag zu erzählen. Dabei hörte ich den Inhalt ihrer Aussage und achtete gleichzeitig im Sinne von Lingva Eterna auf die Struktur ihrer persönlichen Sprache.

Ihr Satzbau war verwickelt und lang, und die Satzmelodie war nach oben offen. Nach drei Sätzen unterbrach ich sie und bat sie, dieselben Sätze nochmals zı dabei die Stimme am Satzende jeweils abzu führte sie schrittweise durch diese Übung. Si sie eine große Herausforderung dar. Sie achtet Aussage das erste Mal in ihrem Leben auf ihı die und auf den Punkt am Ende des Satzes. Da: völlig neu. Es gelang ihr kaum, die Stimme a abzusenken. Ich bot ihr eine Hilfe an und bat s ende jeweils „Punkt" zu sagen und danach Pause zu machen. Nach einigem Üben hatte si heraus und konnte mit jedem Satzende die senken. Dabei bildete sie kurze, einfache Sätz sich damit gut und empfand sich als gesammel te jetzt Kompetenz und Klarheit aus.

Nach diesem Erfolgserlebnis blieb Erik Übung und lenkte weiterhin ihre Aufmerksam Satzmelodie. Bald schon bemerkte sie angeneh kungen auf ihr Leben. Allem voran konnte sie machen und sie genießen. Sie kam innerlich zı fühlte sich kraftvoll und energiegeladen.

Mit dieser scheinbar kleinen Korrektur s eine neue Weiche in ihrem Leben. Und bald m Wirkung. Von nun an nahmen Menschen si wahr als vorher und schenkten ihr und auc und ihren Anregungen weit mehr Aufmerks Umfeld konnte sie von nun an deutlich wahr auch ernst nehmen. Dabei ist sie genau derse geblieben, der sie schon immer war. Ihr Inner Leuchten.

Die Satzmelodie ist ein kraftvoller Schlüssel a in ein selbstbestimmtes, von Eigenverantwort nes Leben. Das Beleuchten der Satzmelodie un

lwirkung mit individuellen Lebenssituationen
va Eterna einen hohen Stellenwert.

'e sich Wirkung!

iner Teil der Bevölkerung wird von klein auf melodie groß, die Erika als so wertvoll kennen sich bewusst aneignete. Sie sprechen als Ju- ıd noch später als Erwachsene so, wie sie es als :nt haben. Bei ihnen hat jeder Satz einen klaren e klare Mitte und ein klares Ende. Die Satz- leitet die einzelnen Gedankengänge. Am Ende senken sie die Stimme ab und machen eine ıe Pause. Diese Pause entspricht dem Punkt ɔen. Bei ihnen wird der Punkt hörbar. Sie kom- . Punkt und machen klare Aussagen. Die Pause : ist von großer Bedeutung. Sie ermöglicht dem rochenen Satz oder Wort eine Wirkung. Des ıt eine minimale Pause dem Hörenden das Sig- ıach eine bedeutsame Aussage folgt. So hört er hin. Es ist angenehm, ihnen zu lauschen. Ihre :hen steigert ihre Wirkung. Sie wirken und ha- g.

ein gebildeter und tüchtiger Geschäftsmann Können und Weitblick. Er strahlt eine wohl- re Ruhe aus und handelt bei allem, was er tut, ıgenblick heraus. Er zeigt volle Präsenz. So Erforderliche und das Mögliche und handelt ı Satzbau, seine Wortwahl und seine Satzmelo- . dies wider. Seine Sätze schwingen in einem haben am Ende einen hörbaren Punkt. Ihnen entsprechend hat er in seinem vollen Alltag immer wieder Ruhepunkte. Michael hatte das große Glück, mit diesem Denken und Sprechen groß zu werden.

Es wäre nun ein Trugschluss zu glauben, dass alle erfolgreichen und zielorientierten Menschen so sprechen und mit ihrer Stimme am Satzende heruntergehen und am Ende einen hörbaren Punkt machen. Es gibt in allen Lebensbereichen eine große Zahl von engagierten, tüchtigen Menschen, die mit der Stimme am Satzende oben bleiben und dennoch wirtschaftlich und beruflich die Füße auf dem Boden haben.

Sie spüren mit den Jahren die belastenden Auswirkungen ihres Denkens und Sprechens, ohne sich der Ursachen bewusst zu sein. Sie fühlen sich schlapp und müde und haben das Gefühl, dass die Energie ihnen wegfließt. Dies kann bis zum Burnout gehen. Sie fühlen sich chronisch überlastet. Eine andere Folge kann sein, dass sie sich und anderen ständig Druck machen, um so die wegfließende Energie unbewusst auszugleichen. Dies ist anstrengend und macht auf Dauer krank.

So können auch erfolgreiche Menschen mit Lingva Eterna und dem Wissen um die Wirkung der Satzmelodie ihre Lebensqualität erheblich steigern. Mit der Wandlung der Satzmelodie eröffnen sich auch ihnen neue Perspektiven.

Satz-Salat mit gemischten Zutaten

Bis hierher habe ich nur Aussagesätze angesprochen und die Satzmelodie dieser Aussagesätze betrachtet. Sie haben am Ende einen Punkt, und der Sprechende senkt am Satzende die Stimme. Wie Sie wissen, bleiben zahlreiche Menschen dennoch am Ende des Satzes mit der Stimme oben und bleiben damit stimmlich in der Luft hängen.

Damit haben sie die Satzmelodie eines Fragesatzes auf den Aussagesatz übertragen, ohne eigentlich eine Frage stellen zu wollen. Das erzeugt beim Hörenden natürlich eine Irritation. Diese ist meist unbewusst, und doch ist sie da.

Nun lenke ich Ihre Aufmerksamkeit nach den Aussagesätzen auf die beiden weiteren Satztypen, die wir im Deutschen haben. Dies sind der Fragesatz und der Aufforderungssatz. Ich stelle diese drei Satztypen anhand eines Beispielsatzes nebeneinander. Als Ausgangssatz wähle ich den folgenden Satz: „Du gehst ins Geschäft und kaufst Obst."

Dieser Satz ist ein Aussagesatz. Mit ihm macht der Sprecher oder Schreiber eine Aussage. Die Stimme senkt sich am Aussagesatz ab. Am Ende steht ein Punkt.

Nun folgt der Fragesatz. Mit ihm stellt der Sprecher oder Schreiber eine Frage: „Gehst du ins Geschäft und kaufst Obst?" Beim Fragesatz bleibt die Stimme am Satzende oben. Am Ende des Fragesatzes steht ein Fragezeichen.

Als drittes folgt der Aufforderungssatz. Der heißt bei unserem Beispiel: „Gehe ins Geschäft und kaufe Obst!" Hier steht am Satzende ein Ausrufezeichen. Die Satzmelodie ist deutlich anders als beim Fragesatz und beim Aussagesatz. Die Stimme klingt bestimmt und steigt gleichzeitig am Satzende an.

Im allgemeinen Sprachgebrauch gibt es ein weit verbreitetes Durcheinander dieser Satztypen. Fragen, Aussagen und Aufforderungen sind oft bunt gemischt. Die Satzmelodie widerspricht dann dem Satzbau. So sendet der Sprecher mit seinem Satz eine doppelte Botschaft. Und c empfängt eine verwirrende Botschaft. Er bra Augenblicke, um die Nachricht an Hand von w teilweise bereits bekannten Informationen zu seln und dann verspätet zu handeln oder zu ar ist auch möglich, dass er nichts tut. So kann e sches machen. Das jedoch ist sicher nicht im Si chers. Eine Missstimmung ist die mögliche Fol

Ich gebe Ihnen eine Auswahl an Beispiele gemischten Sätze. Sie sind allgegenwärtig: „Kö bitte den Mantel herüberreichen?" Oder: „Mac bitte einmal das Fenster auf?" Das sind Frager keine wirklich klaren Fragen sind. Das „bitte" zeigt, dass der Sprecher mit dieser Frage ein Ausdruck bringen will und eben nicht wirklic stellt.

Die Verwirrung steigt, wenn die Satzmelod forderung transportiert. Dann wird klar, dass c Sätze in Wirklichkeit drei Sätze auf einmal sinc

Der Satz „Können Sie mir bitte den Man reichen?!" besteht aus einer Frage, einer Bitte aus einer Aufforderung. Der Sprecher meint Folgendes: „Darf ich Sie um etwas bitten?" – I warten. – „Bitte reichen Sie mir den Mantel her auch: „Ich habe eine Bitte an Sie!" – Reaktion „Bitte reichen Sie mir den Mantel herüber!"

Der zweite Satz „Machen Sie eben bitte Fenster auf?!" ist durch die Wortwahl eine kla rung. Der Angesprochene wird gleich wisser tun hat. Und dennoch liegt durch die Melodie satzes etwas Verwirrendes in der Aufforderu muliert kann der gleiche Satz so klingen: „Ic Bitte an Sie!" – Reaktion abwarten. – „Bitte öf

ünf Minuten!" Dies ist eine Bitte. Eine Anweio klingen: „Herr X! Bitte öffnen Sie das Fensielt der Ton eine große Rolle.

sten Erwachsenen gehen davon aus, dass sie n, was der andere meint, wenn er solche verze mit Mehrfachbotschaften sagt. Kinder braue Weile, um zu erfassen, was Erwachsene von 1. Blick, Gestik und die Satzmelodie sowie der Wille helfen ihnen über die Verwirrung hin-Sie ein kleines Kind fragen und gleichzeitig bit-: du mir die Tasse bitte bringen?", dann wird es ich sagen: „Ja, das kann ich. Ich bringe dir die ntwirrt die Doppelbotschaft und antwortet auf nen Teil dieser entwirrten Botschaft. Schon mit hren verlieren sie ihre Klarheit und beginnen die sie umgebenden Erwachsenen ineinander ätze zu bilden. Dies hat eine Auswirkung auf und Handeln.

e Struktur und Eindeutigkeit der Kinder geht tück weit verloren und mit ihnen etwas von rbaren, ursprünglichen Kraft. Verrückterweise die kleinen Kinder ein Lob, wenn sie die Erätze verstehen und ihnen die Entwirrung gend sie sogar selbst anfangen, so verdreht zu es gilt aus einer missverstandenen Höflichkeit als höflich und erstrebenswert. Das sind dann gesprochen Sätze wie: „Könntest du mir bitte, nicht zu große Umstände bereitet, gerade eine Türe aufmachen?!"

chen von Satzarten zu einem Satz-Salat gibt es i den oben genannten freundlich und höflich Bitten. Sie sind ebenso gängig bei Vorwürfen hen Aufforderungen. Die ärgerlichen Sätze unterscheiden sich von den obigen durch die Körpersprache, beispielsweise durch die grünen Blitze aus den Augen oder ein erregtes Schnaufen vor oder nach dem Satz oder Falten auf der Stirn und um den Mund. Am Ende des Fragesatzes kommt dann irritierenderweise oft ein Ausrufezeichen gleich nach dem Fragezeichen. Ein solcher Satz kann die folgende ärgerliche Frage von Eltern an ihr Kind sein: „Warum hast du denn schon wieder deine Schuhe im Weg herumstehen lassen?!“ Es kann auch die vorwurfsvolle Frage der Frau an den Mann sein: „Warum hast du mir das nicht viel eher gesagt?!“ Oder umgekehrt. Die Gestik und Mimik sowie die Stimmlage mögen Sie sich selbst ausmalen.

Bei diesen ärgerlichen Sätzen empfängt der Angesprochene mindestens vier unterschiedliche Signale: Dies sind erstens die jeweiligen körperlichen Signale, zweitens der Satzbau eines Fragesatzes, drittens die Satzmelodie der Aufforderung – sie fordert den Angesprochenen auf, eine Antwort zu geben – und viertens die Worte. Sie alle soll er unter einen Hut bringen.

Die körperlichen Signale sind die lautesten. Sie kommen beim Gesprächspartner immer an. Es ist naheliegend, dass gleich nach der Körpersprache die in dem jeweiligen Satz mitschwingenden Emotionen den Angesprochenen erreichen. Die wesentliche und in Wahrheit vom Sprecher gewollte Botschaft kommt beim Angesprochenen kaum oder gar nicht an. Dagegen bleibt der Vorwurf. Er bleibt nach dem Wortwechsel oftmals gleich einem Fehdehandschuh zwischen dem Sprecher und dem Angesprochenem auf dem Boden liegen.

Markus wurde mit Lingva Eterna diese so weit verbreitete Verwirrung auf der Satzebene bewusst. Er ahnte nach einigem Ausprobieren bald die Tragweite einer verwirrten und auch die Tragweite einer geordneten Satzstruktur.

Er ist ein blitzgescheiter, strebsamer und feinfühliger Student. Er weiß genau, was er will, und geht seinen Weg konsequent Schritt für Schritt. Als ich ihn kennen lernte, war er am Ende seines Medizinstudiums. Es war ihm ein Anliegen, noch genauer als bislang auf seinen Sprachgebrauch zu achten. Er sah darin einen wesentlichen Aspekt für seine Tätigkeit als Arzt, sei es bei Anamnesegesprächen, bei Beratungen oder auch beim Überbringen von schweren Nachrichten.

Markus' Sprache war geprägt von gemischten Satztypen. Er stellte Fragen, wenn er Bitten äußern wollte. Es war ihm peinlich, eine klare Bitte zu formulieren. Er empfand sich dann als fordernd und sogar als schroff, wenn er sich dies auch nur vorstellte.

Ich bot ihm eine Übung an. Dafür bat ich ihn, eine Situation aus seinem studentischen Alltag auszuwählen. Er beschrieb ein werktäglich wiederkehrendes Ritual. Er ging an Vorlesungstagen täglich einmal mit Kommilitonen ins Café und bestellte sich dort einen Latte macchiato. Bislang klang seine Bestellung so: „Entschuldigung! Könnten Sie mir bitte gelegentlich einen Latte macchiato bringen?!" Er wiederholte diesen Satz noch zweimal und sprach dabei eine andere Seminarteilnehmerin an. Diese hatte dabei die Rolle der Bedienung. Sie achtete darauf, wie sie sich als Bedienung fühlt und welche Signale sie von Markus aufnahm. Bei dem wiederholten Bestellen hörte sie seine Worte und nahm seine Stimme wahr, und sie sah seine Körperbewegung.

Danach bat ich Markus, die gleiche Bestellung mit einer neuen Formulierung ohne Frage nochmals aufzugeben und dafür dieselbe Teilnehmerin zu wählen. Er sagte: „Bitte

bringen Sie mir einen Latte macchiato!" Auch l
die Teilnehmerin auf die Worte, die Stimme ı
Körpersprache. Sie reagierte prompt mit ein
„Das ist ja ein Wahnsinn, was das für ein Unte
Markus saß jetzt aufrecht und blieb auch au
Stimme war fest und seine Augen hatten eir
Blick als bei der Ausgangsformulierung mit d
ten Satztypen. Auch er empfand den Unterschi

Nun wünschte ich ihm, dass seine Stimm
cher wird, als sie es bei dem kurzen Satz wa
ihn, ob er den Namen der Bedienung kenne. W
empfahl ich ihm, sie mit ihrem Namen anzusp
Weiteren bat ich ihn, die Bestellung in der ı
nochmals aufzugeben und sich dabei seine Li
vorzustellen. Er wählte spontan ein warmes Gı
Spaß bei dieser Vorstellung. Nun sagte er de
malte die Buchstaben und Worte grün an. Die
rin lachte und strahlte. Spontan fragte sie ihn, v
Latte macchiato sei, den sie ihm jetzt gleich bri
Sie fühlte sich in der Rolle der Bedienung als
sehen und spürte die Freude ihres Kunden aı
macchiato. Sie hatte ihrerseits Freude daran, il
nen. Sie sagte noch: „Diesen Kunden werde i
ken!" Markus freute sich schon auf seinen nä
Besuch und versprach uns, das nächste Mal
Erfahrungen mit der Anwendung von Lingv
berichten.

Ich sah Markus acht Wochen später wiede
tete uns von seinen Erfahrungen. Die Besuche
hatten ihm bewusst gemacht, wie oft er Fragen
und Aufforderungen ineinander gemischt ha
in der Folge bemerkt, wie oft er in vielerlei
seines Lebens die gleichen Satzmischungen ı

ɔ gut als möglich Ordnung in seinen Satzbau

ihlte er sich wesentlich wohler und kraftvoller
Seine Augen leuchteten, und er strahlte eine
t und Tiefe aus. Er traute sich jetzt, sich zu zei-
leier war von ihm abgefallen. Mit dem geord-
ıu hatte er an Klarheit und Strahlen gewonnen.
te an, dass ihm auch sonst in diesen Wochen
ieles klar geworden sei und er nun leicht an-
tscheidungen treffen könne.
:-Salat, den er bislang gehabt hatte, schien auf
Blick nicht zu dem sonst so klaren und ziel-
jungen Mann zu passen. Markus schüttelte
ntsprechenden Bemerkung den Kopf und sag-
ehr wohl zu seinen früheren Zeiten passe und
widerspiegele. Nun war er froh, dass er mit
ıa einen Schlüssel zu diesen alten Mustern ge-
:. Er spürte, dass er sie damit hinter sich lassen

:erna-Übung

hlen Sie eine konkrete Situation aus Ihrem täg-
en Leben, in der Sie von jemandem etwas
len. Dies kann eine Bitte sein oder auch eine
;. Es gibt vielerlei mögliche Situationen für die-
:he und wirksame Übung wie beispielsweise
ıen, das Tischdecken, das Öffnen der Fenster,
he Weggehen oder Ankommen und viele, viele

ie bis heute? Stellen Sie sich nun Ihre Situation
ınd formulieren Sie Ihre Bitte oder Aufforderung

auf die gewohnte Weise. Wiederholen Sie Ihren Satz noch einmal. Hören Sie sich sprechen und hören Sie auch in sich hinein. Begleiten Sie den Satz mit Mimik und Gestik. Wie klingt der Satz? Wie bewegen Sie sich bei dieser Formulierung? Ist der gewohnte Satz Ihnen angenehm, unangenehm oder ist er neutral?

Nun wählen Sie für die gleiche Situation eine neue Formulierung. Achten Sie darauf, dass Sie dabei eine klare Aufforderung oder eine klare Bitte äußern oder auch eine eindeutige Frage stellen. Dann stellen Sie sich wieder die gleiche Situation vor und sagen die neue Formulierung. Welche Mimik und Gestik sind hierfür stimmig? Die gleiche wie beim ersten Satz? Wiederholen Sie auch diesen Satz noch einmal. Wie geht es Ihnen mit dem neuen Satz? Nehmen Sie wiederum Ihre Mimik und Gestik wahr und auch Ihre Satzmelodie.

Nehmen Sie schon bei der nächsten Gelegenheit die Chance wahr und bilden Sie einen eindeutigen Satz mit klarem Satztyp. Erleben Sie die Wirkung!

Achten Sie vier Wochen lang auf das Erkennen, Entwirren und Ordnen von Satz-Salaten. Ärgern Sie sich bitte nicht, wenn Sie bei sich wieder einen Satz-Salat bemerken. Sonst werten Sie sich ab, während Sie gerade einen großen Schritt nach vorne gehen. Freuen Sie sich, dass Sie für die Wirkung der Sprache sensibel werden, das Durcheinander schon bemerken und gleich ordnen können.

Beobachten Sie die Wirkung dieser Übung auf Ihr Leben!

Überwinden Sie Ihr Grammatik-Trauma!

Die meisten Erwachsenen, die ich kennen gelernt habe, leiden an einem Grammatik-Trauma. Aus Schulzeiten erinnern sie sich an langweilige, öde Grammatikstunden. Sie haben vage Erinnerungen an verwirrende Bezeichnungen, die für sie inhaltsleer sind. Die Verwirrung wurde jedes Mal größer, wenn dasselbe Wort wieder einen anderen Namen bekam. Das Tunwort wurde ein Zeitwort, dann wurde es ein Verb und in bestimmten, meist wenig durchschauten Zusammenhängen hieß es auf einmal Prädikat. Spätestens hier stiegen die meisten Schüler innerlich aus dem Thema Grammatik aus. Es war für sie auch nicht einsichtig, wofür es gut sein sollte, dass sie den einzelnen Wörtern grammatikalische Bezeichnungen geben können sollten, wo sie ihre Sprache doch sicher sprachen und sie sich damit bestens verständigen konnten.

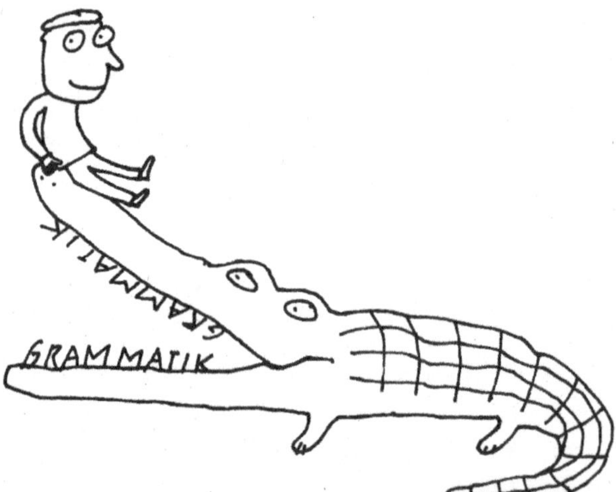

Das ist schade. Düstere Grammatik-Erfahrun; Schulzeit versperren noch den Erwachsenen d einen großen Schatz. So wie die Wörter gleichs steine des Lebens sind, so entspricht die Gran Bauplan des Lebens. Es gibt eine Wechselw Satzbau und Lebensumständen.

Bereits kleine, gezielte Änderungen im Sat eine starke Wirkung auf das Denken, Spreche deln eines Menschen und eröffnen ihm unge Sichtweisen und Handlungsspielräume.

Ich lade Sie ein, Grammatik neu zu entdec] bei Freude zu erleben!

Die Zeiten in der Sprache

Wir beleuchten mit Lingva Eterna den indivi brauch der Zeiten und die jeweiligen Wechse mit der Lebensgeschichte und Lebensplanung schen. Der korrekte Umgang mit den gramm Zeiten macht das Leben leicht. Der allgem Sprachgebrauch ist hier arm geworden. Die m schen beschränken sich auf das Präsens und Es ist naheliegend, dass sie auch in ihrem Leb Zeit Schwierigkeiten haben. Es lohnt sich dah ten Aufmerksamkeit zu schenken.

Die saubere Vergangenheit

Eine Deutsch- und Englischlehrerin betrat das] mer einer sechsten Klasse und kündigte an, da im Fach Deutsch Grammatik durchnehmen v

das Imperfekt sollten das Thema der Stunde

ei dem Wort Grammatik stöhnten die Schüler
innen auf. Als sie dann noch die beiden Wör-
nd Imperfekt hörten, streckten einige der Bu-
idchen gelangweilt einen Arm auf den Tisch
hren Kopf darauf. Das Signal war klar.
erin hatte sich mit Lingva Eterna befasst und
aftvolle Wirkung von Grammatik kennen ge-
ar ihr ein Anliegen, ihren Schülern klar zu
ss angewandte Grammatik angenehme und
uswirkungen auf das Wohlbefinden und das
en hat.
n sie die Stunde mit einem Hinweis auf die
n Imperfekt und Perfekt: „Grammatik kann
ind nützlich sein. Das Wissen um Perfekt und
at ganz praktische Auswirkungen. Mit Im-
det ihr mit dem nächsten Liebeskummer viel
kommen als mit Perfekt!"
ren alle Köpfe hoch gekommen. Das Interesse
und Schülerinnen war erwacht. Davon wollten
sen.
rerin nannte ihnen ein Beispiel: „Wenn ihr
t letzte Woche mit mir Schluss gemacht', dann
ekt. Und wenn ihr sagt: ‚Eva machte letzte
nir Schluss', dann ist das Imperfekt. Das Per-
efühle auf und ist nah. Das Imperfekt hat eine
ung. Es beschreibt etwas, was in der Vergan-
hah. Es ist sachlich und bringt innere Ruhe
nheit." Nun folgte eine lebendige und freud-
natikstunde. Alle Kinder probierten eifrig und
die unterschiedlichen Wirkungen von Sätzen
kt und Perfekt aus.

Viele Erwachsene und erst recht Kinder und Jugendliche kennen die Formen des Imperfekt und des Plusquamperfekt nicht mehr genau und können diese Zeitstufen daher auch nicht sicher bilden. Für sie ist alles Vergangene im Perfekt. Das klingt dann beispielsweise so: „Wir haben letztes Jahr Urlaub auf dem Bauernhof gemacht. Vorher haben wir unser Haus renoviert."

Jeder versteht, was der Sprecher damit meint. Und doch stimmt der Gebrauch der Zeiten nicht. Der zweite Satz beschreibt eine frühere Handlung als der erste Satz. Daher gehört hier das Plusquamperfekt hin: „Wir haben letztes Jahr Urlaub auf dem Bauernhof gemacht. Vorher hatten wir unser Haus renoviert." Bei der ursprünglichen Variante fehlt die zeitliche Struktur in der Darstellung. Dies hat eine Auswirkung auf den Sprecher.

Damit Sie sich leicht an die Vergangenheitsformen erinnern können, finden Sie in der Tabelle einen Überblick:

Präsens	Wir machen Urlaub.	Wir kommen gerade an.
Perfekt	Wir haben Urlaub gemacht.	Wir sind gerade angekommen.
Imperfekt	Wir machten Urlaub.	Wir kamen gerade an.
Plusquamperfekt	Wir hatten Urlaub gemacht.	Wir waren gerade angekommen.

Das Imperfekt bilden wir bei den sogenannten schwachen Verben mit der Endung -te und -ten: Sie lobte/sie lobten, sie hüpfte/sie hüpften usw. Bei den sogenannten starken

Verben erfolgt die Bildung durch Ändern des Vokals in der Wortmitte: er rief / sie riefen, er fuhr / sie fuhren usw.

Das Perfekt bilden wir durch die Kombination des Verbs mit den sogenannten Hilfsverben sein, haben und werden: er ist gekommen / sie sind gekommen, er hat gerufen / sie haben gerufen usw.

Das Plusquamperfekt bezeichnet die Vorvergangenheit: er war gekommen / sie waren gekommen, er hatte gerufen / sie hatten gerufen usw.

Marianne konnte den Ärger hinter sich lassen

Marianne konnte mit Hilfe der korrekten Zeitenbildung alte Verletzungen aus der Kindheit hinter sich lassen. Als ich sie kennen lernte, sprach sie aufgeregt und empört davon, wie ihre Eltern mit ihr als Kind umgegangen waren. Bei ihrer Schilderung gebrauchte sie das Perfekt. Das klang so: „Meine Eltern haben mir nie erlaubt, mich schmutzig zu machen. Sie haben mir alles verboten, was mir Spaß gemacht hat. Und meinen Bruder haben sie mir immer vorgezogen ..." Sie redete sich bereits mit diesen wenigen Sätzen in eine innere Erregung hinein.

Nun bat ich sie, das Gleiche noch einmal zu sagen und dabei statt des Perfekts das Imperfekt zu benutzen. Sie ließ sich darauf ein. Nun klangen die Sätze so: „Meine Eltern erlaubten mir nicht, mich schmutzig zu machen. Sie verboten mir alles, was mir Spaß machte. Sie zogen meinen Bruder mir vor." Sie brauchte eine Weile, um in das Imperfekt hineinzukommen. Diese Zeitform war ihr in der gesprochenen Sprache fremd. Sie kannte es bis dahin im Wesentlichen nur aus der Schriftsprache. Während sie die Sätze neu formulierte, sortierte sie sich neu. Interessanterweise

änderte sie dabei nicht nur die Zeiten. Spo
aus dem „nie erlaubt" ein „nicht erlaubt" u
Formulierung „immer den Bruder vorziehen"
„immer" weg. Hier zeigte sich etwas Bedeuts
jemand ein Wort oder einen Aspekt der Gram
nem Satz ändert, dann kommt oft der ganze
wegung. Marianne horchte in sich hinein und
das Ganze noch ein zweites Mal. Sie lachte au
„Jetzt kann ich mich gar nicht mehr so aufreg
jetzt mehr Distanz. Das ist schon lange her."
erleichtert durch. Bei der zweiten Darstellung
perfekt sprach sie deutlich langsamer als be
Darstellung mit dem Perfekt. Das Imperfekt ha
ein anderes Tempo als das Perfekt.

Sie achtete in den kommenden Wochen
Sprachgebrauch und fokussierte ihre Aufmerk
die Zeitenbildung in der Vergangenheit. Sie e
wohltuende Wirkung: Es wurde ihr auf einma
Gegenstände abzugeben, die sie nicht mehr
und an denen sie bislang gehangen hatte. Sie
befreit und konnte guten Mutes nach vorne bli

6. Lingva Eterna-Übung

Achten Sie für vier Wochen darauf, wi
sprachlichen Ebene mit der Vergan
gehen. Gebrauchen Sie bislang nur P
haben auch Imperfekt und Plusquamperfekt i
che einen Platz?
Wählen Sie das Imperfekt für Situationen, die
geschlossen sind oder in denen Sie bewusst e
nale Stimmung beruhigen wollen. Perfekt ist i

/enn Sie von einem Geschehen erzählen, das bendig präsent ist und in die Gegenwart hinein ch hinein wirken soll.

›ituationen Ihres Lebens kann der gezielte Um-ɜn grammatikalischen Zeiten für Sie wertvoll ɜ Auswirkungen beobachten Sie in Ihrem Leben, f die Vergangenheitsbildung achten?

'e sich Zukunft!

inen Sprachgebrauch ist nicht nur die Ver-bildung arm und dürftig geworden. Auch die ler Zukunft lässt Wünsche offen. Die meisten ;ebrauchen für alles, was sie jetzt und in der chreiben, die Gegenwartsform. Sie packen al-ɜs in die Gegenwart und machen sich damit nd Stress. Sie haben auf diese Weise in ihrem l Sprechen keinen Raum mehr zwischen jetzt o fühlen sie sich schnell überfordert.

ar ein Beispiel für fehlende zeitliche Struktur. u spät und hatte ein schlechtes Zeitgefühl, egal he er sich gab. Dann unterbrach er eine Tätig-ß sie halbfertig liegen. So fing er vieles an und venig zu Ende. Das zeigte sich auch in seiner ɜ Zeitenbildung war auf Perfekt und Präsens ıtur kam nie vor.

ın, von seinen Plänen für den nächsten Tag zu ımit lud ich ihn ein, etwas Zukünftiges zu sa-lte wissen, ob er dafür Futur oder Gegenwart würde. Es zeigte sich gleich, dass er nur in der ;prach.

ellte den gesamten nächsten Tag in der Gegenwart dar: „Ich gehe morgen früh erst zum Bäcker und kaufe Brötchen und dann frühstücken wir und danach muss ich zu einem Freund fahren. Der baut und ich helfe ihm dann morgen wieder. Ich hoffe, dass das alles so klappt."

Philip gebrauchte nur Präsens. Darauf machte ich ihn aufmerksam. Er hatte sich wegen der Zeitform noch keine Gedanken gemacht. Er redete eben so, wie er es von klein auf gewohnt war.

Danach stellte Philip nochmals seine Pläne für den kommenden Tag vor und gebrauchte dabei das Futur: „Ich werde morgen früh erst zum Bäcker gehen. Da werde ich Brötchen kaufen. Dann werden wir miteinander frühstücken und danach werde ich zu meinem Freund fahren und ihm beim Bauen helfen."

Wie schon bei früheren Beispielen kamen mit der geänderten Zeitstufe die ganzen Sätze in Bewegung. Philips Sätze wurden mit dem Futur kürzer und damit klarer. Interessant war auch, dass das Futur das „muss" ablöste. Philip sagte nicht mehr: „Ich muss zu meinem Freund fahren." Er sagte: „Ich werde zu meinem Freund fahren."

Mit den neuen Sätzen fühlte er sich wohler als mit dem ursprünglichen Satz im Präsens. Das Futur gab ihm Struktur und Klarheit. Philip spürte die Wirkung deutlich und empfand sie als wohltuend. So achtete er in den nächsten Wochen auf die Zeitenbildung in seiner eigenen alltäglichen Sprache und auch in seiner beruflichen und privaten Umgebung.

Schon innerhalb weniger Tage erntete er reiche Früchte. Es gelang ihm auf einmal, klare Termine festzulegen und diese auch einzuhalten. Er sagte nun nicht mehr: „Ich mache die Abbildung dann halt bis nächste Woche fertig und bringe sie dir dann." Jetzt sagte er: „Ich werde die Abbildung bis Freitag fertig machen und sie dir noch am gleichen Tag bringen." Wie auch schon bei anderen Beispielen kam mit der gezielten Änderung der Zeiten der ganze Satz in Bewegung.

Eltern und Pädagogen helfen Kindern und Jugendlichen, wenn sie durch den eigenen bewussten Umgang mit den Zeiten eine klare zeitliche Struktur vorgeben. Diese wird ihnen die Orientierung erheblich erleichtern. Es ist eine interessante Beobachtung, dass hyperaktive Kinder und Erwachsene in aller Regel nur Perfekt und Gegenwart benutzen. Futur kennen sie in ihrem aktiven Sprachgebrauch nicht oder fast nicht.

Nicht nur Kindern tut eine klare zeitliche Struktur gut. Auch geforderten und überforderten Erwachsenen bringt sie Orientierung und Halt und damit Entlastung. Hektische und getrieben wirkende Erwachsene gebrauchen selten Futur. Bei ihnen ist alles jetzt und in der Gegenwart. Das zeigt sich auch in der Sprache. Während sie so sprechen, wie sie es gewohnheitsmäßig tun, erzeugen sie sich immerfort eine neue Wirklichkeit, die wieder keinen Raum hat, in dem sich etwas in Ruhe entwickeln kann.

Der Gebrauch des Futur schafft Freiräume und Gestaltungsräume. Beim Futur können wir differenzieren zwischen Futur I und Futur II. Auch hier möge eine Tabelle Ihnen das Erinnern leicht machen:

Präsens	Ich komme.	Ich gieße die Blumen.
Futur I	Ich werde kommen.	Ich werde die Blumen gießen.
Futur II	Ich werde gekommen sein.	Ich werde die Blumen gegossen haben.

Wenn schon das Futur I in der gesprochenen
ten geworden ist, so ist das Futur II eine Ra
schafft es Raum und Zeit. Es bringt eine spür
tung und Klarheit bei der Planung und Ges
großen und kleinen Vorhaben.

Im allgemeinen Sprachgebrauch wird aus
oft Präsens und aus dem Futur II eine Perfe
kann dann so klingen: „Heute Nachmittag ist
dahin habe ich dann die Unterlagen zusamme

Nach den Prinzipien von Lingva Eterna ordne ich die zeitliche Struktur dieser Aussagen und bringe sie an ihren jeweiligen Platz. Das heißt dann so: „Heute Nachmittag wird die Sitzung sein. Bis dahin werde ich die Unterlagen zusammengestellt haben."

Vielleicht ist Ihnen das Futur II noch recht fremd. Dann legen Sie es zur Seite. Vor dem Futur II kommt das Futur I. Ich mag Ihnen die Anregung geben, mit dem Futur I zu beginnen. Schon diese Änderung Ihres Sprachgebrauchs wird eine starke Wirkung haben. Entdecken Sie diesen Schatz für sich selbst. Heben Sie sich den and
einfach für später auf.

Erinnern Sie sich bitte daran: Lassen Sie a
Menschen in Ihrem Umfeld weiter so reden, w
egal wie durcheinander deren Zeiten sind! Bitt
einzig und allein Ihren eigenen Sprachgebrauc

Freuen Sie sich an der Wirkung von Lingva Et

ıschen glauben, dass die Sprache der Visionä-
ıwart sei. Dies ist ein Irrglaube. Visionäre ha-
'es inneres Bild. Dieses Bild haben sie immer
ı streben sie hin und sie wissen tief in ihrem
s sie in der Zukunft dahin kommen werden.
ie gleichzeitig in der Gegenwart und handeln
ıwart. Ihnen ist die zeitliche Spanne zwischen
ıd der Erfüllung der Vision klar. Diese Spanne
Spannung und einen Sog. So zieht das Ziel sie

tarke Visionäre sehen klar, was Realität und
ist. Wenn sie sich gleichsam in das Bild ihrer
ıbegeben, dann sprechen sie in der Gegenwart
die Zukunft mit allen Sinnen in diesen Mo-
sehen vor ihrem inneren Auge das eigene
s mit der einladenden Gartenanlage und was
ch noch vorstellen, genießen diese Szene und
sich immer wieder an und malen sie sich wei-

recken sie oftmals die Beine weit von sich, stre-
ihrem Sessel aus, blicken etwa im 45-Grad-
ı oben und legen die gefalteten Hände hinter
opf. Wenn sie in diesen Momenten laut den-
gebrauchen sie die Gegenwart: „Ich pflanze
ege eine Rabatte an." Wenn sie dann wieder in
hres Alltags gehen, dann können sie von ihren
chen. Die werden sie im Futur formulieren:
Rosen pflanzen und eine Rabatte anlegen. Bis
e ich mit einer Landschaftsarchitektin einen
Pflanzplan erstellt haben."

Es ist wesentlich, dass Sie wissen, was in Ihrem Leben Gegenwart ist und was Zukunft. Menschen, die alles Gegenwärtige und alles Zukünftige in der Gegenwart sagen, sind in ihrem Denken und Handeln oftmals schon einen oder auch mehrere Schritte voraus. Damit sind sie nicht ganz bei der Sache. Ein Teil ihrer Aufmerksamkeit eilt dem Geschehen schon voraus. Gleichzeitig ist die Gefahr groß, dass sie glauben, dass das Zukünftige schon Wirklichkeit sei, nur weil sie es in der Gegenwart benennen. Dies ist so bei den immerwährenden Träumern. Sie schweben auf einer Wolke und bekommen die Füße nicht auf den Boden der Tatsachen. Der achtsame Gebrauch von Futur und Gegenwart kann ihnen eine wesentliche Hilfe sein.

Es gibt freilich auch großartige Menschen, die als Visionäre ihrer Zeit weit voraus sind. Sie tun gut daran, auf den korrekten Gebrauch der Zeitstufen zu achten. So haben sie eine große Kraft, ihre Vision zu realisieren und handfeste Ergebnisse zu erzielen. So können die kühnsten Träume wahr werden.

7. Lingva Eterna-Übung

Erzählen Sie, was Sie sich für morgen vorgenommen haben. Gebrauchen Sie dabei das Futur!

Wie geht es Ihnen dabei? Wie geht es Ihrem Gesprächspartner dabei?

Schenken Sie vier Wochen lang dem Futur Ihre Aufmerksamkeit und nehmen Sie es für diese Zeit in Ihre Sprache hinein. Welche konkreten privaten oder beruflichen Situationen kommen Ihnen in den Sinn, mit denen Sie beginnen werden? Es genügt, wenn Sie die Übung in dieser Zeit täglich zweimal für eine Viertelstunde durchführen.

Beobachten Sie die Wirkung. Was geschieht in Ihrem Leben, während Sie auf der sprachlichen Ebene die Zukunft gestalten?
Wählen Sie nach dieser Zeit, ob Sie das Futur in Ihrer Alltagssprache beibehalten oder ob Sie es wieder weglassen. Wenn Sie Futur I beibehalten wollen, dann prüfen Sie, ob Sie schon neugierig sind, auch Futur II kennen zu lernen!

Ein lohnender Unterschied: Genitiv oder Dativ?

Genitiv oder Dativ – was war das noch einmal, werden Sie sich vielleicht fragen. Sie werden sehen, dass Sie es wissen. Ich begleite Sie dabei, sich ganz einfach zu erinnern. Sie haben die vier Fälle in der Schule schon kennen gelernt: den Nominativ, den Genitiv, den Dativ und den Akkusativ. Sie haben gelernt, in einem Satz die einzelnen Fälle zu bestimmen. Dabei haben Sie gefragt: wer, wessen, wem oder was und wen oder was: „Der Mann bringt dem Nachbarn seiner Eltern das Geschenk." Der Mann ist Nominativ, dem Nachbarn ist Dativ, seiner Eltern ist Genitiv und das Geschenk ist Akkusativ.

Wiederum möge eine Tabelle Ihnen den Einstieg in dieses Grammatikkapitel leicht machen:

Singular – Einzahl		
1. Fall	Wer oder was?	Das Haus ist groß und schön. Nominativ
2. Fall	Wessen?	Die Lage des Hauses ist für uns optimal. Genitiv

3. Fall	Wem oder was?	Wir schenken d viel Aufmerksa Dativ
4. Fall	Wen oder was?	Wir bauen das Akkusativ

Diese Beispiele zeigen den Singular. Das gleic log für den Plural:

Plural – Mehrzahl		
1. Fall	Wer oder was?	Die Häuser sin und schön. No
2. Fall	Wessen?	Die Lage der H für uns optima
3. Fall	Wem oder was?	Wir schenken d sern viel Aufm keit. Dativ
4. Fall	Wen oder was?	Wir bauen die Akkusativ

Wenn die Betrachtung der Fälle hier stehen bl Selbstzweck ist, dann ist Grammatik trocker weilig.

Mit Lingva Eterna gehen wir weiter und die Wirkung der einzelnen Fälle. Auch hier g Unterschiede, Unterschiede in der Wirkung schiede in ihrer Häufigkeit im allgemeiner brauch.

Der Nominativ, der Dativ und der Akkusat gig und haben allerorts einen festen Platz. Die

nach dem ,wem?' und nach dem ,was?' sind
)ie Fragen nach dem ,wessen?' und nach dem
ıd weitgehend in den Hintergrund getreten
erloren gegangen.
und übliche Genitiv-Formulierungen sind meist
ılierungen gewichen. Dies hat eine Wirkung.
:s eine Wirkung, wenn wir dem Genitiv wieder
geben.

ı vom Chef oder die Position des Chefs?

und der Dativ gehören beide zu den vier Fäl-
nitiv war in meiner Grundschulzeit erst der
d dann der zweite Fall. Der Dativ war erst der
ıd dann der dritte Fall. Dieses Nebeneinander
nungen hat schon manch einen Schüler ver-
ıch lange Zeit mich.
nitiv fragen wir: Wessen Haus ist das? Wessen
;? Beim Dativ fragen wir: Wem gehört dieses
ı gehört diese Jacke? Diese Sätze bedeuten
lig dasselbe. Es ist klar, dass beide Sätze nach
ınd Jackenbesitzer fragen.
:h gibt es einen großen Unterschied. Dieser
:r unterschiedlichen Bedeutung und in der
lichen Funktion, die sie ursprünglich hatten.
amit auch eine unterschiedliche Wirkung. Es
iese kennen zu lernen.
ıitiv fragt nach dem Woher. Er zeigt den Ur-
Herkunft von jemandem oder von etwas an.
enitiv stammt von dem lateinischen Wort ,ge-
gen, hervorbringen' ab. Es benennt den, der
affen, hervorgebracht oder erworben hat: Bei

‚das Haus des Vaters' ist es klar, dass das Haus dem Vater gehört. ‚Die Position des Chefs' ist klar und eindeutig. Das Gleiche gilt beim ‚Fahrrad der Schwester' und zahlreichen anderen möglichen Sätzen aus dem Alltag. Der Genitiv zeigt und schafft klare Ordnungen und Strukturen.

Der Dativ hat eine grundsätzlich andere Aufgabe. Dies wird bereits aus seiner Bedeutung ersichtlich. Das Wort Dativ kommt vom lateinischen ‚dare' und heißt ‚geben'. Beim Geben wechselt etwas den Ort oder auch den Besitz. Nun ist es interessant, dass der Dativ im allgemeinen Sprachgebrauch vielfach den Genitiv verdrängt hat. Dann heißt es statt ‚das Haus des Vaters' ‚das Haus vom Vater'.

Dies mag als schlechtes Deutsch gelten. Doch geht es nicht darum, ob etwas gut ist oder schlecht. Bei Lingva Eterna geht es einzig darum, auf die unterschiedlichen Wirkungen einzelner Formulierungen aufmerksam zu werden. Sie schaffen jeweils eine andere Wirklichkeit.

Ich lade Sie wieder ein für eine Wortprobe. Sagen Sie die beiden Varianten bitte jeweils langsam zweimal: „Das Haus des Vaters – das Haus des Vaters". Und dann nach einer kleinen Pause des In-sich-hinein-Horchens ebenso: „Das Haus vom Vater – das Haus vom Vater". Wie empfinden Sie die beiden Varianten? Nehmen Sie Ihre Empfindungen und Ihre inneren Bilder wahr. Sind sie identisch? Unterscheiden sie sich? Und wenn sie sich unterscheiden, wodurch unterscheiden sie sich?

Es mag sein, dass Ihr Ergebnis Ihnen als zufällig erscheint. Darum bitte ich Sie, die entsprechende Übung auch mit den weiteren Beispielen zu machen. Sagen und hören Sie nacheinander „die Position des Chefs" und „die Position vom Chef". Horchen Sie in sich hinein. Achten Sie bei der einen Formulierung den Chef in seiner Position mehr als bei der anderen?

Der Genitiv gibt ein anderes Signal als der Dativ. Damit bedingt er auch andere Handlungsweisen. Deutlich spürbar ist dies bei dem nun folgenden Beispiel mit dem Fahrrad: „Das ist das Fahrrad der Schwester" und „Das ist das Fahrrad von der Schwester". Hier hat die Formulierung eine Auswirkung auf das Verhalten beim Ausleihen.

Werden Sie bei beiden Formulierungen gleichermaßen die Schwester fragen, ob sie Ihnen ihr Fahrrad ausleiht? Oder nehmen Sie sich das Fahrrad vielleicht gar einfach, ohne zu fragen? Gilt dies bei beiden Formulierungen gleichermaßen? Probieren Sie es einfach aus!

Die Firma meines Vaters

Für Felix wurde der Genitiv zum Schlüssel. Er half ihm, einen großen Zwist mit seinem Vater beizulegen. Dieser hatte ihn ebenso aufgerieben wie seinen Vater.

Damals arbeitete er mit seinem Vater im eigenen Familienbetrieb zusammen. Jeder von ihnen gab sich Mühe, doch kamen sie nicht miteinander aus. Der Sohn fürchtete, dass der Vater mit seinem sturen Verhalten die Firma irgendwann zerstören werde. Er erzählte in einigen Sätzen von der für ihn so belastenden Situation. Er war voller Vorwurf und Enttäuschung und wusste sich nicht mehr zu helfen. Nichts hatte bislang geholfen, das Gespräch wieder in Gang zu bringen.

Felix' Ausdrucksweise zeigte mehr, als ihm bewusst war. Er sagte: „Ich arbeite in der Firma von meinem Vater." Er hatte eine gute Ausbildung genossen und fühlte sich fähig, die elterliche Firma zu übernehmen. Nun ärgerte er sich, dass der Vater die Firma behielt und die Führung nicht an ihn weitergab. Der Vater war gesund und tatkräf-

tig und hatte die Firma in jungen Jahren gegrı
Arbeit bereitete ihm viel Freude und erfüllte ih
klar, dass er seine Firma auch weiterhin führen

Der Satz „Ich arbeite in der Firma von me
enthält einen Dativ: die Firma von meinem V
Felix, seinen Satz langsam zu wiederholen un
nein zu horchen. Er sagte zweimal langsam u
„Ich arbeite in der Firma von meinem Vater. – I
der Firma von meinem Vater." Erst kam ihm de
normal vor. Dann spürte er, dass ihn etwas irrit
jedoch nicht genau benennen konnte. Ihm wu
schwer, und sein Ärger wuchs.

Danach bot ich ihm eine neue Formulieru
arbeite in der Firma meines Vaters." Felix griff
auf und sagte ihn zweimal langsam und halb
ließ er die Worte auf seiner Zunge zergehen un
sich hinein. Er erkannte den Unterschied leich
er und atmete dabei tief durch, „es ist die Fi
Vaters. Er hat sie gegründet. Es ist seine Firma.
deren Satz hatte ich immer das Gefühl, dass
mir die Firma endlich übergeben soll. So wa
unzufrieden. Nun kann ich Frieden finden."

Der Dativ ist der Fall des Gebens. Er gibt
dass jemand jemandem etwas gibt und er die
darf. Der Genitiv macht klar, was wessen Eig
Schöpfung ist. Der Genitiv lenkt die innere A
keit auf die Ursache und die Herkunft und l
Die ordnende und heilsame Wirkung des Ger
für Felix zum Schlüsselerlebnis.

Als ich ihn kennen lernte, hatte er kaum
seiner Sprache. Er hatte ihn nur in einigen al
bräuchlichen festen Redewendungen in seiner
che wie ‚meines Wissens', ‚meiner Meinung na

nd einigen wenigen anderen. Hierbei war ihm freilich nicht bewusst gewesen. Er hatte nie :hgedacht und nie darauf geachtet und auch ss gehabt, dies zu tun. Schließlich hatte er da- inn gesehen.

;ann er damit, dem Genitiv in seiner Sprache in seinem Denken bewusst Raum zu geben. 'eise stellte er in seiner inneren Einstellung auf chen Ebene ganz gezielt eine Weiche. Damit ein Grundprinzip von Lingva Eterna an. Er it einem alten sprachlichen Muster ein altes ' aus und schuf sich mit einem neuen Denken :n eine neue Wirklichkeit.

Erfolg damit. Ich sah Felix im Abstand weni- noch einige Male wieder. In dieser Zeit streck- r hatte nun eine klare, aufrechte Haltung und lle, angenehme Ausstrahlung. Innerhalb weni- war es ihm gelungen, seine Sätze zu ordnen. ollständig und hatten eine wohltuende Satz- r Genitiv war am rechten Platz und klang na- selbstverständlich.

e sagte Felix: „Ich arbeite in der Firma meines larf noch zehn Jahre an seiner Seite arbeiten d mit ihm lernen. Uns geht es nun gut mitein- Vater überträgt mir derzeit etliche Aufgaben, etzt gern in die Hände legt. Es ist so leicht a, und noch etwas: Ich bin ihm von Herzen s ist auch neu."

:lte Felix an und freute mich mit ihm.

Wir leben in einer Zeit, in der viele Menschen innerlich oder auch äußerlich entwurzelt sind. Ohne Wurzeln fehlt ihnen der Halt. Gleichzeitig suchen sie nach diesem Halt. Nur mit diesem inneren und äußeren Halt können sie groß und stark werden. Mit dem eigenen inneren Halt können Menschen aus ihrer Mitte heraus handeln und kraftvoll wirken.

Die genannten Beispiele geben einen kleinen Einblick in die Kraft und Wirkung des Genitivs. Er ist ein wahrer Schatz, wenn es darum geht, die innere Mitte und seine Wurzeln zu finden und zu stärken. Es lohnt sich, den Genitiv wieder bewusst mit neuem Leben zu erfüllen!

8. Lingva Eterna-Übung

Betrachten Sie Ihren persönlichen Sprachgebrauch. Kommt der Genitiv darin vor?
Schreiben Sie zehn Sätze auf, in denen Sie bei sich oder anderen statt des Genitivs den Dativ hören, beispielsweise den Satz ‚Das ist die Jacke von der Rita.' Sie erkennen den Dativ mit der Frage: ‚Die Jacke von wem oder was?'
Dann wandeln Sie diese zehn Sätze und geben dem Genitiv wieder seinen Platz. Dann heißt obiger Satz: ‚Das ist Ritas Jacke.' Prüfen Sie, ob Ihr Satz stimmt und fragen Sie nach dem Genitiv-Objekt mit der Frage: ‚Wessen Jacke?'
Wählen Sie einen dieser Sätze und integrieren Sie diesen in Ihren privaten und beruflichen Alltag.
Beobachten Sie die Wirkung! Was geschieht in der Folge?

Etwa 95 Prozent der Bevölkerung wachsen mit der Sprache und dem Denken derer auf, die in erster Linie Aufträge anderer ausführen und in Abhängigkeit leben. Sie fühlen sich oftmals als die Opfer äußerer Umstände. Manche Menschen haben das Empfinden, dass niemand sie wirklich sieht.

Bei genauem Hinhören findet sich die Entsprechung ihres Denkens und ihres Weltbildes in ihrer alltäglichen Ausdrucksweise wieder. Ja, sie laden durch ihre Art zu denken und sprechen ein solches Erleben täglich neu ein.

Markant ist bei diesen 95 Prozent die Verwendung von Passivsätzen. Das Passiv lernen Grundschüler als die Leideform kennen. Beim Passivsatz gerät der Handelnde aus dem Blick. Er erscheint meist nicht: Der Tisch wurde gedeckt. Die Wäsche wurde gewaschen. Die Texte sind schon geschrieben worden. Nur selten heißt es: Der Tisch wurde von den Kindern gedeckt. Die Wäsche wurde von mir gewaschen. Die Texte sind von der Sekretärin geschrieben worden. Die Menschen, die diese Aufgaben erledigen, scheinen bei diesem Denken und Sprechen im Allgemeinen nicht auf. Es ist einsichtig, dass andere sie dann nicht oder nur am Rande wahrnehmen und entsprechend wenig beachten können.

Ganz anders klingt die Sprache bei den fünf Prozent der Bevölkerung, die ihr Leben selbstbestimmt und in Freiheit gestalten. Sie sprechen in Aktivsätzen, wenn es um sie selbst geht. Sie sagen: „Wir waren gestern bei Freunden." Die passive Variante kommt ihnen kaum in den Sinn und schon gar nicht über die Lippen: „Wir waren gestern bei Freunden eingeladen."

Menschen, die überwiegend Aktivsätze gebrauchen,

sind aktiv und gestalten ihr Leben Schritt für oder diejenige, der bzw. die eine Tätigkeit a scheint im aktiven Satz.

Es mag sein, dass erfolgreiche, selbstbesti schen in gewissen Situationen Passivsätze gebra solche Situation kann sein, wenn sie von Ar chen, die andere in ihrem Auftrag ausführen bis Montagmittag erledigt." Dies wiederum von ihrer Einstellung für ihre Mitarbeiter. Es kl wenn sie sagen: „Diese Arbeit werden meine bis Montagmittag erledigen." Oder aktiv un Mitarbeiter explizit zu nennen: „Diese Arbe Montagmittag fertig sein."

In der Behördensprache ist das Passiv wei Da werden Anordnungen erteilt. Da werden A durchgeführt. Da werden Menschen eingestel wieder ausgestellt. Es werden Anregungen g Erfindungen eingereicht. Diese Sprache entbe me und der Menschlichkeit. Es gibt jemande grund, der handelt, und er oder sie bleibe Niemand kann sie belangen, und niemand ka Passive Sätze lassen etwas im Verborgenen.

Auch bei diesem Kapitel mag eine Tabell Erinnerung an Ihr Schulzeit-Wissen wieder wa

Aktiv – Tätigkeitsform: Wer oder was tut was?
Die Mitarbeiterin hat die Buchungen ausgefüh Wir haben die Kunden bereits informiert.
Passiv – Leideform: Was geschah mit wem od
Die Buchungen wurden ausgeführt. Die Kunden wurden informiert.

ınd Passivsätze sind ein weites Feld. Es ist auf-
rleben, welche Menschen Passivsätze gebrau-
elche nicht und auch in welchen Situationen
rauchen. Sobald jemand von einer für ihn
Situation zu sprechen beginnt, in der er sich
fühlt, bildet er mehr Passivsätze als sonst.
entspricht der jeweils geschilderten Situation.
eine Erzählung so klingen: „Wir wurden über-
informiert, wir wurden einfach vor die voll-
achen gestellt und bekamen die Aufforderung,
ner Woche das Büro in das Nachbarhaus um-
amit darf man erst einmal klarkommen."
e der Ausführung steht ein ‚man'. Ein ‚man' ist
d, jemand aus der Masse. Das ‚man' geht dicht
Passivsätzen. Die Entsprechung von Passiv-
schwierigen Situationen, in denen sich jemand
fühlt, ist sichtbar und hörbar. Nun ist es eine
e und Herausforderung, gerade in diesen Si-
ewusst auf aktive Formulierungen zu achten
elbstbestimmung zu gehen.

. Formulieren des Aktivsatzes gilt es zu erken-
- oder diejenige ist, der bzw. die sie nicht infor-
Unsere Filialleitung hat uns nicht informiert.
fin stellte uns vor die vollendeten Tatsachen
e uns auf, das Büro innerhalb einer Woche in
haus umzuziehen."

atte eine solche Situation erlebt. Mit den Ak-
ch der Ärger und das Gefühl des Ausgeliefert-
ınte sie mit der Situation konstruktiv und klar
ie sagte die neuen Sätze zweimal und ließ
wirken. Beim Umformulieren und dem mehr-

fachen Wiederholen der neuen Sätze bemerkte Katrin, dass sie nun das ärgerliche ‚überhaupt' nicht mehr sagte. Auch das ebenso ärgerliche ‚einfach' war nun nicht mehr da. Ihre neuen Sätze klangen kurz und klar. Der Vorwurf war weg.

Nach dieser Entdeckung achtete Katrin auf Aktivsätze und damit gleichzeitig auf das ‚man'. Sie gehen oft miteinander einher. Noch waren die Aktivsätze für sie neu. Sie ließ mit jedem Aktivsatz das passive Denken hinter sich und nahm bewusst die Verantwortung für ihr Leben in die Hände. Es bedurfte einiger Wochen, bis sie mit Lingva Eterna in das neue Denken und Sprechen hineingewachsen war.

Sie bekam von Freunden nach einigen Wochen eine Rückmeldung, die sie nicht erwartet hatte. Sie sagten ihr: „Du gehst so gerade. Du lässt deinen Kopf nicht mehr so hängen. Es ist zu sehen, dass es dir gut geht!" Sie wusste, was sie geändert hatte. Dass sich ihr gewandelter Sprachgebrauch so sichtbar auf ihre Körperhaltung auswirkte, wurde ihr erst jetzt klar. Staunend bemerkte sie, dass sie seit einer Weile keine Nackenverspannungen mehr hatte. Sie freute sich.

Passivsätze können auch missbraucht werden

Ein Mitarbeiter aus dem Führungsbereich eines großen Unternehmens berichtete, dass bei ihnen die Mitarbeiter angewiesen werden, Passivsätze zu gebrauchen. Aktivsätze werden ihnen immer und immer wieder als schlechter Schreibstil erklärt. Dabei sprach er selbst in passiven Sätzen.

Bernhard hatte sich bis dahin nicht erklären können, warum ihnen die Geschäftsleitung Passivsätze als guten

Schreibstil verkaufen wollte. Bei jedem Bericht, den er anfangs geschrieben hatte, erlebte er eine Zurückweisung. Er hatte jeden einzelnen Bericht neu schreiben müssen, wenn er sich der Anweisung, Passivsätze zu schreiben, widersetzt hatte. Dabei hatte er sich nicht wirklich widersetzt. Damals war er noch aktiv gewesen und hatte noch eigene Ideen gehabt. Entsprechend hatte er noch Aktivsätze gedacht und gesprochen. Diese sprudelten schon lange nicht mehr aus Bernhard heraus.

Nun wurde ihm schmerzlich klar, dass in seiner Firma eigene Ideen und kritische Fragen nicht erwünscht waren und dass dies einen Zusammenhang hatte mit dem eingeforderten passiven Schreibstil.

Bernhard hatte mit dem Differenzieren von Aktiv und Passiv einen Schlüssel gefunden und achtete von nun an auf Aktivsätze. Er beließ die Passivsätze bei den Berichten, soweit ihm dies erforderlich erschien. In der gesprochenen Sprache im beruflichen Bereich und in seinem Privatleben achtete er auf aktive Sätze. Er konnte wieder selbst über sein Leben bestimmen und erreichte Dinge mit Leichtigkeit, die ihm vorher viel Mühe bereitet hätten oder gar nicht möglich gewesen wären.

Als Kollegen ihn fragten, wie ihm dieses und jenes möglich sei, gab er ihnen eine ehrliche Antwort. Solange ihn niemand gefragt hatte, hatte er sein Wissen um Lingva Eterna verschwiegen und einfach nur für sich selbst angewendet.

Vom Können, Müssen und Dürfen

Die Modalverben bergen weitere Schätze. Au(ich aus der Schule als ein langweiliges und tr pitel. Ich mag sie gemäß der Prinzipien von Li abstauben und ihren Glanz hervorholen.

Zu den Modalverben gehören ‚müssen', ‚k(len', ‚dürfen', ‚sollen', ‚mögen' und ‚brauchen'. verben kommen in der Alltagssprache reichl stehen vor Verben und modifizieren die Aussa singe' kann dann werden: ‚Ich will singen', ‚ic gen', ‚ich darf singen', ‚ich mag singen', ‚ich k usw. Dieses Modifizieren gilt entsprechend a Verneinungen: ‚Ich will nicht singen', ‚ich mu: gen' usw.

Es ist interessant zu hören, wer welche M gebraucht und in welcher Form und auch wie wendung der Modalverben folgt ebenso wie und das Aktiv und andere Aspekte der indivi tagssprache alten Mustern. Sie modifizieren da Handeln und prägen die innere Einstellung Handeln.

Das Ich-kann-nicht-Syndrom

„Ich kann nicht", sagen die einen. Und „Ich ka deren. Die einen begrenzen sich, und die ander sich den Erfolg. Die drei Wörter „ich kann nich viele Menschen. Sie sagen sie in hunderten v nen aus purer Gewohnheit: „Ich kann nicht r mit dir plaudern. Ich muss jetzt zu meiner Ta Oder: „Ich kann zu deinem Geburtstag leider ıss an diesem Abend arbeiten." Solche Sätze rbreitet. Sie gehören in die Ausdrucksweise all ən, die sich selbst begrenzen. Und davon gibt

t es einfach, diese Sätze zu wandeln: „Es war ir zu plaudern. Lass uns an einem anderen Tag ern. Ich werde jetzt zu meiner Tante fahren."
: der Geburtstagseinladung kann auch so klinınke dir für deine Einladung, zu deinem Gekommen. Ich werde an diesem Abend arbeiłe ich nicht kommen. Darf ich dich an einem sehen und mit dir auf dein Wohl anstoßen?"
: sich, wach zu werden für einen der größerhinderer. Wer ungezählte Male an einem Tag ühlt „ich kann nicht", der wird auch erleben, s nicht kann.
ıbernehmen den Sprachgebrauch der Erwachören in ihrer Kindheit und Jugend zigtausende ich kann nicht ...' und ‚du kannst nicht ...', bis 'wachsen sind. Dann werden sie diese Sätze ıhnlich an ihre Kinder und Mitarbeiter weiter

əser ‚ich kann nicht'-Sätze haben in Wirklichdere Bedeutung. Sie werden es merken, wenn ginnen, sie hinter sich zu lassen. Dann werden ten Sätze neue Formulierungen wählen. Dabei merken, dass das ‚ich kann nicht' manchmal abe keine Lust' – und andere Male: ‚Ich traue Es gibt noch weitere mögliche Bedeutungen. ʖie selbst finden.
ın Sie dennoch einen Satz mit ‚können' vernei dann fügen Sie bitte ein ‚noch' ein: ‚Ich kann .' Damit sagen Sie, dass Sie es lernen werden.

Ich empfehle den bewussten Gebrauch von ‚können' in der bejahten Form: ‚Ich kann.' Und: ‚Du kannst.' Dieser Sprachgebrauch lenkt den Blick auf die Stärken.

Es ist ein großes Glück, wenn Menschen tief in ihrem Herzen wissen: ‚Ich kann, ich will, und ich schaff das.' Und: ‚Du kannst, du willst, und du schaffst das.' Dieses innere Fühlen setzt Kräfte frei. Jeder Mensch darf jederzeit damit beginnen, diese Kräfte für sich in Anspruch zu nehmen.

Wissen Sie, wie oft Sie ‚können' und ‚nicht können' sagen?

9. Lingva Eterna-Übung

Lenken Sie Ihren Blick auf Ihre Stärken. Bilden Sie zwanzig Sätze, die mit „Ich kann gut ..." beginnen. Wenn Sie Ihre eigenen Stärken gefunden haben, dann lenken Sie Ihren Blick auf die Stärken eines Menschen, den Sie begleiten. Es kann Ihr Partner oder Ihr Kind sein oder auch ein Mitarbeiter. Finden Sie auch hier zwanzig Sätze: „Er/Sie kann gut ..."!
Die Energie folgt der Aufmerksamkeit. Es wird sich etwas tun, wenn Sie Ihre Aufmerksamkeit auf das Können lenken. Beobachten Sie, was in der Folge geschehen wird. Machen Sie sich die Wirkung Ihres selbst gelenkten Denkens und Fühlens bewusst.

Müssen macht Druck

„Ich muss heute Nachmittag noch zu einer Sitzung. Am Abend muss ich dann schnell nach Hause fahren. Wir müssen noch ins Theater." Dies sind ganz und gar übliche Sätze. Ohne die Überschrift mit dem Schlüsselwort ‚müssen' hätten Sie als Leser das ‚müssen' in diesen Sätzen vielleicht nicht einmal bemerkt. Auf einer bewussten Ebene hätten Sie nur gelesen, dass derjenige am Nachmittag eine Sitzung hat, danach nach Hause fährt und am Abend ins Theater geht. Und vielleicht hätten Sie innerlich gesagt: Wie schön für ihn, dass er am Abend ins Theater gehen kann.

Dennoch erreicht Sie das Wort ‚müssen' auf einer unbewussten Ebene und gibt hier das Signal von Fremdbestimmung und Druck. Dieses Signal irritiert und steht im Widerspruch zu der angenommenen Freude auf den Theaterabend. Diese unbewusste Information fließt in der alltäglichen Kommunikation blitzschnell und hinterlässt beim Sprecher und auch beim Angesprochenen ein diffuses Gefühl von Irritation.

Die meisten Menschen haben sich an beständigen Druck von außen gewöhnt und merken diesen Druck nicht mehr. Sie sind in Hinblick auf den Druck in ihrer Wahrnehmung abgestumpft. So merken sie es auch nicht, dass sie ‚müssen' sagen. Das ‚müssen' kommt einfach so aus ihnen heraus, selbst wenn sie von schönen Dingen sprechen, die sie freiwillig tun und wie in dem obigen Beispiel ins Theater ‚müssen'. Sie bringen damit ihren allgemeinen Druck zum Aus-Druck.

So gesehen ist das oben genannte Beispiel mit den dreimal ‚müssen' in direkter Folge bedeutsam. Dieser Sprachgebrauch ist symptomatisch und ein ernst zu nehmender Hinweis. Zu viel ‚müssen' macht auf Dauer krank.

‚Müssen' ist Grundbestandteil der Sprache
schen. Sie sagen ‚müssen' in jedem zweiten
Satz. Es ist lohnend, diesen gewohnheitsmäßi
gebrauch zu beleuchten und in einem ersten
eigene Bewusstsein für den Gebrauch oder
dieses kleinen Wortes zu entwickeln. Gehöre
auch dazu?

Es gibt zwei Wege, sich dieser Erkenntnis zu
eine ist angenehm, der andere eher beschwerli
es angenehmer, auf die Sätze mit ‚müssen' in
gebung zu achten und nicht gleich wie beim z
mit all den ‚müssen' in der eigenen Sprache
zu sein.

Sie werden viel, viel ‚muss' und ‚müssen'
geht es Ihnen, wenn Sie ‚muss' hören? Wie em
die Menschen, die viel ‚muss' sagen? Wie geht
deren Umgebung?

An dieser Stelle mag ich einen bereits geg
weis als Warnung wiederholen: Widerstehen
Versuchung, auch nur einen einzigen Mensch
Beobachtungen anzusprechen oder ihn gar
wollen! Damit machen Sie sich garantiert unb
ben Sie bei all Ihren Beobachtungen bei sich.
sich still, dass Sie bereits ein Gespür für Sprac
Wirkung entwickeln.

Mit Sicherheit werden Sie auch viel ‚m
Medien hören und lesen. Hier dürfen Sie getro
nen. Die Sprecher hören und sehen Sie nicht. A
wenn Sie mit diesen Menschen zusammen sin
werten Sie Ihre Beobachtungen nicht. Das, wa
ist gängiger Sprachstil. Mit Lingva Eterna eröff
einen neuen Blick auf den allgemeinen Spra

'irkung auf die jeweiligen Sprecher und Ange-

ie in Ihrem Unfeld auch Menschen, die kaum und ,müssen' sprechen? Achten Sie auch hier Sie deren Sprache empfinden und wie Sie :hen erleben. Sie denken anders und folglich anders als die andauernden ,Muss'-Sager. Sie anderen Lebensstil und eine andere Wirklich- ,muss'-sagenden Mitmenschen. Sie geben an- und haben damit eine andere Wirkung.
1 Sie auf die genannte Weise auf den Gebrauch ' in Ihrer Umgebung achten, werden Sie gleich- und sensibel für Ihren eigenen Sprachgebrauch praktische Auswirkungen auf Ihr Leben. Jeder nit seinem Denken und Sprechen seine eigene .

:, dass es neben diesem Weg auch einen eher nen Weg gibt, das Bewusstsein für ,müssen' zu diesem Weg setzen Sie direkt bei sich selbst an auf Ihren eigenen Sprachgebrauch. Hier mag ine Empfehlung und Ermutigung mitgeben, ıng wie bei dem leicht erscheinenden Weg: Es ar, dass Sie auf Ihr eigenes Sprechen und Den- ınd bereits ein Gespür für Ihre eigene Sprache Lassen Sie sich auf sich selbst ein und nehmen vie Sie sind. Sie sind gerade dabei, sich selbst ecken. Mit Humor und Gelassenheit werden sich erkennen und es daraufhin leicht wandeln

len sich sicherlich wundern, wie oft Sie ,müs- nd was Sie sonst noch alles sagen. Würden Sie Ial neu beschimpfen und sich sagen: „Ich bin öd, ich habe schon wieder ,müssen' gesagt", dann würden Sie sich eher schaden, als dass Sie sich nützen.

Vielleicht wird Ihr innerer Dialog so klingen: „Also, auf das ‚müssen' muss ich jetzt einmal mehr achten. Am besten fange ich noch heute damit an. Doch vorher muss ich noch Herrn Maier anrufen; dann muss ich noch in die Stadt, weil ich da in einem Geschäft etwas abholen muss und ..." Das ‚muss' wird weitergehen – es sei denn, Sie wandeln Ihren Sprachgebrauch bewusst und prüfen jedes einzelne ‚muss', ob es wirklich sein ‚muss'. Und jedes ‚muss' macht neuen Druck und bewirkt, dass Sie mit diesem Denken und Sprechen immerfort neue Situationen in Ihr Leben einladen, in denen Sie wieder Druck erleben werden.

Laden Sie bewusst Dauerdruck und Fremdbestimmung aus Ihrem Leben aus. Probieren Sie für vier Wochen, wie es Ihnen ohne das gewohnte ‚muss' geht. Machen Sie ein ‚Muss'-Fasten. Viele ‚muss' können Sie ganz einfach streichen und auf einmal wird vieles leicht. Sie können statt des gewohnten Satzes: „Ich muss jetzt noch den Tisch decken" leicht sagen: „Ich decke jetzt den Tisch." Interessanterweise ändert sich mit dem gewandelten ‚muss' noch mehr. In diesem Beispiel verschwand auf einmal das kleine ‚noch'. Auch die Satzmelodie und das Sprechtempo ändern sich.

In vielen Sätzen können Sie das ‚muss' und das ‚müssen' einfach weglassen. Vielfach wird noch eine weitere Möglichkeit klar. Sätze mit „müssen" bezeichnen vielfach eine Handlung, die in der Zukunft liegt. So ist es hier angezeigt, die zukünftige Handlung mit Futur zu benennen. Aus einem „Ich muss heute Nachmittag zu einer Sitzung gehen" wird dann der folgende Satz: „Ich werde heute Nachmittag zu einer Sitzung gehen."

Gönnen Sie sich die innere Freiheit und die erforderliche Zeit, eine Handlung auszuführen: Sie werden morgen ins Theater gehen, Sie werden morgen eine Aufgabe erledigen. Sie müssen nicht ins Theater gehen und Sie müssen auch eine Aufgabe nicht erledigen. Gönnen Sie sich Zeit, sich an das Futur zu gewöhnen und es Schritt um Schritt in Ihre Alltagssprache und damit in Ihr Denken zu integrieren. Mit dem Futur schaffen Sie sich Raum und Zeit. Gönnen Sie sich Zukunft und lassen Sie gleichzeitig den beständigen Druck hinter sich, der aus dem ‚müssen' kommt.

10. Lingva Eterna-Übung

Entdecken Sie eine Woche lang Ihren persönlichen Sprachgebrauch mit ‚müssen' und ‚muss'. Sprechen Sie weiter wie bisher und nehmen Sie den Druck bewusst wahr, den Sie sich damit bislang schaffen.

Beginnen Sie in der darauf folgenden Woche damit, Formulierungen mit ‚müssen' zu wandeln. Wann können Sie es weglassen? Gibt es Gelegenheiten, bei denen Sie statt ‚müssen' Futur gebrauchen können?

Schreiben Sie zehn solche Sätze auf und integrieren Sie diese in Ihren täglichen Sprachgebrauch.

Welche Wirkungen erleben Sie in den folgenden Tagen und Wochen?

‚Dürfen' ist nach ‚können' und ‚müssen' ein w
dalverb. Auch dieses modifiziert eine Grundau
eine ganz andere Bedeutung und Wirkung al
anderen Modalverben. Und doch ist der Gebra
unbewusst und folgt einer individuellen Gewo

In einem Laden wissen Sie als Kunde oder
nau, was der Verkäufer meint, wenn er den f
Satz mit ‚können' oder ‚dürfen' sagt: „Sie k
auch diesen Pullover anprobieren!" Oder: „Sie
auch diesen Pullover anprobieren!" In der
Kommunikation achten die Gesprächspartne
Feinheiten nicht oder, genau genommen, nic
Und doch sind sie da und haben eine Wirkung

Die unterschiedlichen Botschaften werde
wiederholten langsamen Sprechen der beiden
lich fassbar. Sagen Sie den Satz mit dem ‚dürf
halblaut und horchen Sie dabei in sich hinein:
auch gern diesen Pullover ausprobieren! – Sie
gern diesen Pullover ausprobieren!"

Erlauben Sie sich die Qualität dieses Sat
ren. Wie geht es Ihnen bei der Vorstellung, das
Laden mit Pullovern stehen und einen Pull
wollen?

Nun sagen Sie den Satz mit ‚können' au
halblaut: „Sie können auch gern diesen Pullo
bieren! – Sie können auch gern diesen Pullove
ren!" Wie wirkt dieser Satz auf Sie? Ändert er i
an Ihrer inneren Einstellung zum geplanten Ka
Verkäufer?

Fühlen Sie sich mit einem Satz wohler als
deren? Welchen würden Sie vom Verkäufer li

enblick, in dem Sie die Unterschiede erkennen
:wusst machen, haben Sie für Ihren eigenen
.uch die Wahl, die Wortwahl. Und damit kön-
rfen Sie in Ihrer Sprache und damit in Ihrem
Veiche stellen.

Wort ‚dürfen' gehören auch die Wörter ‚Be-
edürfnis'. Ebenso leiten sich ‚dürftig' und ‚be-
ι ‚dürfen' ab. Die Sprache macht es sichtbar
. dass das eine direkt mit dem anderen zu
· Umgang mit den eigenen Bedürfnissen und
lürfnissen der Mitmenschen zeigt sich neben
ıch am Gebrauch des Wortes ‚dürfen'. ‚Dür-
rei und gibt Erlaubnisbotschaften. Wer diesem
rksamkeit schenkt, der wird reich belohnt wer-

persönlicher Prägung und damit Gewohnheit
ürfen' auf unterschiedliche Weisen im indivi-
ıchgebrauch enthalten sein. Je nach der indivi-
ʒung kann es stärken und aufbauen oder im
:runterziehen und einengen.

t!

ınnte aus ihrem persönlichen Sprachgebrauch
ıie die Verneinung. Sie sagte: „Das darf ich
:: „Das darf ich nicht sagen!" Oder: „Das darf
ıchen!" Entsprechend sagte sie ihren Kindern
ren Auszubildenden viel häufiger „Das darfst
ɔder „Das darfst du nicht machen!" als „Das
ɔder „Das darfst du machen!"
te natürlich eine Auswirkung auf das Handeln
und der Auszubildenden. Marianne engte sie

damit ein, ohne ihnen gleichzeitig einen Weg zu weisen. Gleichzeitig zeigte sie mit ihrem Sprachgebrauch, dass sie sich ihre eigenen Bedürfnisse bislang nicht oder nur eingeschränkt erlaubte. Einfach ‚dürfen' gab es für sie noch nicht.

Sie lachte erleichtert und vergnügt, als ihr diese Zusammenhänge bewusst wurden. Nun konnte sie endlich ihr andauerndes Mangelgefühl drehen, das sie seit ihrer Kindheit begleitet hatte. In diesem Augenblick war ihr klar geworden, dass sie sich mit dem gewohnten ‚nicht dürfen' immerfort selbst beschränkt hatte und dass sie ganz einfach aus dem ‚nicht dürfen' ein ‚dürfen' machen durfte.

Dann sammelte ich mit ihr Sätze, in denen sie sich mit einem ‚ich darf' wohl fühlt: „Ich darf mich in meinen Garten setzen und eine Pause machen. Ich darf den Vögeln lauschen. Ich darf faul sein. Ich darf, ich darf, ich darf!" Sie fand viele Sätze. Als sie einmal den Anfang gefunden hatte, sprudelte sie.

Marianne war von nun an achtsam mit dem ‚dürfen'. Ich empfahl ihr, neben dem ‚dürfen' weitere Wörter mit dem gleichen Wortstamm in ihre Alltagssprache zu integrieren, die ihr gut tun, und damit dem ‚dürfen' noch mehr Raum in ihrem Denken und Leben zu geben. Sie wählte für sich das Substantiv ‚Bedürfnis' und das Verb ‚bedürfen'. Dieses Wort kannte sie noch von ihrer Oma. Sie hatte oft gesagt: „Dies bedarf einer Erklärung." Sie mochte ihre Oma und sie fand die Redewendung schön. Jetzt hörte sie das Verb ‚einer Sache bedürfen' im allgemeinen Sprachgebrauch nur noch selten. Sie nahm es in ihre Sprache bewusst wieder auf, lachte und sagte: „Ich darf das!"

Marianne gab mit dem Wort ‚dürfen' ihrem Leben bewusst eine Wende. Aus vielem gewohnheitsmäßigen ‚müssen' und ‚nicht dürfen' machte sie gezielt ein ‚dürfen'.

11. Lingva Eterna-Übung

Wie gebrauchen Sie das Wort ‚dürfen' und Wörter, die sich davon ableiten?

Wählen Sie eines aus, das Ihnen gut tut, und schenken Sie ihm Aufmerksamkeit! Beobachten Sie die Wirkung!

Verneinung erreicht das Denken nicht

Verneinungen sind weit verbreitet. Dies gilt gleichermaßen für die Erziehung von Kindern, für das Erstellen von Regeln und Vorgaben in einem Kindergarten, einer Schule, in öffentlichen Einrichtungen oder einem Betrieb, für Zertifizierungen, für Vertragstexte und vieles mehr.

So unterschiedlich die Situationen auch sein mögen. Das allen Gemeinsame ist die weit verbreitete Negation. Ich mag Ihnen eine Reihe solcher Beispiel nennen:

> Es ist nicht gestattet, auf der Wiese Fußball zu spielen.
> Wir rennen nicht auf dem Schulhof.
> Wir lärmen nicht in den Gängen.
> Der Mieter darf keine größeren Anpflanzungen ohne Absprache mit dem Vermieter durchführen.

Machen Sie sich keinen Stress!
Hab' keine Angst!
Sei nicht so traurig!
Sei nicht so laut!
Fahre nicht immer so schnell!
Bitte nicht eintreten!
Vergiss den Schlüssel nicht!

Diese Liste lässt sich beliebig weiterführen. Z neinungen gehören die Wörter ‚nicht', ‚nie', ‚ni mand', ‚kein' und die Vorsilbe ‚un-' wie in ‚ur wie im weiteren Sinn die Nachsilbe ‚-los' wie los'.

Die Verneinungen sind allgegenwärtig un dass die meisten Menschen sie als gegeben u hinnehmen. Sie leben damit und haben sie in ih che Sprache und damit in ihr Denken und in il tegriert. Ihr Weltbild ist stark von der Verneinu Dies hat nachteilige Auswirkungen auf ihre Wirklichkeit und auf ihr Leben.

Wie kann jemand, der immer auf das sch nicht haben will, sein Ziel im Blick behalten? und betrachtet das, was er nicht haben und n will. Mit dem verneinenden Satz lenkt er sein samkeit genau dahin, wo er eben nicht hin Folge wird er mit einer großen Wahrscheinlic das Nicht-Gewollte erleben.

Mit Lingva Eterna achten wir auf die weit Verneinungen und deren Auswirkungen. Vor bewirken sie in konkreten Gesprächssituatione mationen. Auf einer tiefen Ebene sind sie Aus verneinenden Denkmusters.

ɜn erreichen das Denken nicht. Die Geschich-
roten Elefanten zeigt dies deutlich. Wenn ich
dass Sie an alles denken dürfen, was Ihnen in
ımmt, nur nicht an einen rosaroten Elefanten,
ɔh genau, was Sie denken: Sie denken an einen
ɜfanten. Genau das Gleiche geschieht, wenn Sie
ɜn Kind sagen: „Lass die Schüssel nicht fallen!"
ıeinlichkeit, dass es die Schüssel gerade wegen
kung fallen lässt, ist groß. Umgekehrt machen
ıit einer anderen Bemerkung leicht, sie heil ans
ʒen: „Halte die Schüssel bitte fest!"
gut gemeint ist der Rat „Hab' keine Angst!".
macht eher Angst, als dass er beruhigt. Der
ene hört das Wort ‚Angst'. Und die bekommt
sie bis dahin noch nicht hat. Die gewünschte,
ɜ Wirkung hat eine andere Formulierung: „Sei
Iier gibt es eine klare, zielorientierte Aufforde-
Iegation.
Interschied ist einsichtlich und klar. Und doch
ne geraume Weile, bis ein Mensch die so ge-
ɜrneinungen erkennen und danach wandeln
Neuorientierung bedeutet eine grundlegen-
ır der inneren Einstellungen und ist ein ent-
Anliegen von Lingva Eterna. Damit geht der
ɜr Vermeidung weg und hin zum Ziel. Für vie-
ı bedeutet diese Korrektur der eigenen Aus-
ɜ einen Neuanfang.

Martin ist glücklich verheiratet und Vater von zwei gesunden, lebhaften Kindern von neun und sechs Jahren. Sein Glück war getrübt durch erhebliche Spannungen mit seinen Eltern. Beruflich war er erfolgreich. Doch kam er über eine bestimmte Position nicht hinaus. Dabei wartete er schon seit einiger Zeit auf die nächste Beförderung. Sie war aus seiner Sicht überfällig.

Er fragte mich um Rat. Einer seiner ersten Sätze war: „Das scheint mir kein schlechter Ansatz zu sein." Er sagte oft „nicht schlecht", „nicht verkehrt", „nicht daneben". Er konnte seine Verneinungen leicht steigern: Er fand dann etwas „nicht uninteressant", „keinesfalls unwichtig" oder „unendlich unbedeutend". Mit diesen gehäuften Verneinungen machte er sich das Leben schwer.

Dies wurde ihm schnell klar, als ich ihm seinen persönliche Sprachgebrauch bewusst machte und ihn anleitete, die Wirkung von Negationen zu spüren. Ich lud ihn ein, einzelne seiner Formulierungen langsam und bewusst zu wiederholen, sie gleichsam wieder zu holen und sie nach Wunsch zu wandeln. Er spürte körperlich, wie es ihm bei diesen Formulierungen eng wurde. Er fasste sich spontan an die Brust und atmete danach tief durch. Ihm wurde klar, dass er sich mit diesen beständigen Negationen letztlich schadete.

Spätestens hier wusste Martin, dass das bewusste Achten auf die Negationen eine größere Tragweite hatte, als sich nur miteinander die Kommunikation im Alltag zu erleichtern. Nach einem kurzen Innehalten griff er sich mit seiner einen Hand nochmals an die Brust, atmete wieder durch und sagte: „Ich weiß, dass ich auch gesundheitlich auf mich achten muss!"

Danach begleitete ich ihn dabei, einige seiner häufigsten Formulierungen mit Negationen zu sammeln und zu wandeln. Er begann mit der Redewendung „nicht schlecht". Erst bildete er einen Satz, der diese Redewendung enthielt. „Meine Stelle bei der großen, örtlichen Firma ist nicht schlecht." Danach sollte er den Satz so oder ähnlich wiederholen und das Wörtchen ‚nicht' weglassen. Nach einigem Zögern und Suchen strahlte er: „Meine Stelle bei der großen, örtlichen Firma ist gut!" Während er diesen neuen Satz sagte, richtete er sich auf. Der Rücken wurde gerade, auch die Kopfhaltung änderte sich. Martin spürte den Unterschied. Er begann zu ahnen, dass ein Leben ohne permanente Negationen eine für ihn neue Qualität haben würde. Martin fasste inneres Feuer und machte weiter: „Der Satz: ‚Die Bemerkung des Kunden ist nicht uninteressant!' heißt in Wirklichkeit: Sie ist aufregend und interessant." Er fühlte, wie viel mehr Kraft und Lebendigkeit diese neuen Formulierungen haben.

Martin achtete in den darauf folgenden Wochen auf Negationen in seiner eigenen Sprache und wandelte sie nach den Prinzipien von Lingva Eterna. Ihm wurde mehr und mehr bewusst, welch großes Betätigungsfeld er sich damit eröffnet hatte. Er hatte Freude dabei, allein mit seinem Sprachgebrauch sich selbst und seine tiefsitzenden Prägungen zu entdecken und zu wandeln.

Schon bald konnte er wohltuende Auswirkungen seines gewandelten Denkens und Sprechens erleben. Es ging ihm gut. Am meisten beglückte ihn die Erkenntnis, dass er selbst maßgeblichen Einfluss darauf hatte, wie sich sein Leben entwickelte.

Statt der früher üblichen Negation nahm er nun Position ein. Er sagte und zeigte, was ihn wirklich interessierte, und brachte dies auch sprachlich zum Ausd: kam in seinem Leben einiges in Bewegung. Da eigenen Familie, glätteten sich die Wogen. Au dige Weise klärten sich die Positionen. Die S mit den Eltern ließen spürbar nach, und das : leben mit ihnen auf dem gleichen Grundstüc sich angenehm. Die Eltern hatten nun ihre P(auch der Sohn mit seiner Familie.

Das bewusste Wandeln der Negationen wa die wesentliche Korrektur seiner persönlichen gab daneben noch einige weitere, kleine K Martin hatte innerhalb weniger Monate mit zielt gewählten neuen Redewendungen seinen Wende in die von ihm gewünschte Richtung ge

Margarete erlaubt sich das volle Glück

Margaretes größter Wunsch war es, nach Bor Freund zu ziehen und dort eine Anstellung in le zu finden. Mit diesem Wunsch kam sie mit Lingva Eterna sich den Weg dahin ebnen Gleichzeitig glaubte sie nicht so recht darar ihr spielte das Erkennen und anschließende V Negationen eine große Rolle. Sie hatte oft ge: Chance!" Oder: „Das ist so unwahrscheinlich v den einer Stecknadel im Heuhaufen."

Erst griff ich ihre Redewendung ‚keine C Daraus wurde ein zaghaftes: „Wir werden sehe setzte ich bei Wörtern mit der Vorsilbe ‚un-' a brauchte sie zahlreich. Wir sammelten sie gem sie kamen ihr leicht in den Sinn: ‚Unmöglich', schön', ‚unheimlich interessant', ‚uninteressan

pliziert', ,unpassend', ,ungut'... Die Liste hätte
weiterführen können.

nit der Vorsilbe ,un-' benennen etwas und ver-
eichzeitig. Dies wird an jedem einzelnen Bei-
r. Ich greife das Wort ,ungut' heraus. Darin ist
ıt' enthalten. Und doch ist ,ungut' nichts Gu-
rt verwirrt. So ging ich mit Margarete einige
lieser Vorsilbe durch. Sie empfand überall die-
on, die durch das Benennen und gleichzeitige
s Grundwortes entsteht.

ihr, eine kleine Anzahl dieser Wörter mit der
-' auszuwählen, die sie in ihrem Alltag oft sagt,
ıne oder mehrere neue Formulierungen zu fin-
s benennen, was sie wirklich meint. Aus ,un-
wurde ,langweilig' und ,fad'. Statt ,unheimlich
sie lieber ,wunderschön'. Sie hatte Freude an
ı der wirklich gemeinten Botschaft und war
erfahren, welche Wirkung das Anwenden von
na auf ihr Leben und ihren beruflichen und
tag haben würde.

s bemerkte sie eine Erleichterung. Auf einmal
Kommunikation noch leichter als vorher. Sie
als schwer erlebt. Und doch hatte sich etwas
it dem Wandeln der Un-Wörter waren völlig
r in ihre Sprache hineingeraten. Statt ,unend-
lig' sagte sie jetzt ,wirklich langweilig'. Ihr bis
g gebrauchtes Wort ,unkompliziert' wandelte
ı ,einfach'. So sagte sie von nun an ,einfach',
und ,wirklich' und meinte und fühlte die
ı so. Vieles wurde in ihrem Leben wirklich
einfach. Die direkte Auswirkung wurde ihr mit
russt.

Sie achtete neben den Un-Wörtern auch auf den Umgang mit den Zeiten. Sie hatte Futur in ihre Sprache aufgenommen. Des Weiteren hatte sie bewusst damit aufgehört, zu schwindeln und Notlügen zu erzählen. Sie hatte früher nicht immer die Wahrheit gesagt. Darauf war ich gekommen, als sie immer wieder ‚ehrlich' als Füllwort gebrauchte: Sie sagte des öfteren Sätze wie: „Ehrlich gesagt bin ich etwas müde." Oder: „Da muss ich ehrlicherweise sagen ..." Ich fragte sie, warum sie das Ehrliche denn so betone. Mit ihrem Schwindeln hatte sie ähnlich viel verdeckt wie mit der Vorsilbe ‚un-'.

In den nächsten Wochen und Monaten kam in ihrem Leben etliches in Bewegung. Sie fand alte Dinge wieder, die sie verloren geglaubt hatte, und auch sonst kam manches ans Licht. Sie kam einem alten Familiengeheimnis auf die Spur, das sie schon lange geahnt hatte und das sie doch nie hatte greifen können. Nun wusste sie, woran sie war.

Sie hatte durch einen Zufall von einem Brüderchen erfahren, das schon vor ihrer Geburt gestorben war. So war sie in Wahrheit nicht das erste, sondern das zweite Kind ihrer Eltern. Sie konnte mit ihrer Mutter davon sprechen und ihr sagen, dass sie um ihren älteren Bruder weiß. Bei der Mutter löste sich nach jahrzehntelangem Schweigen ein Siegel der Verschwiegenheit, und sie erzählte ihrer Tochter von dem kleinen Robert. Das tat beiden gut, sicher auch dem kleinen Robert. Nun hatte er seinen Platz in der Familie bekommen. Und die Tochter fand endlich ihren wahren Platz.

Margarete hatte die Un-Wörter im Sinne von Lingva Eterna gewandelt. Damit kam in ihrem Leben viel Bedeutsames in Bewegung. Bei ihr kam Verdrängtes und Verborgenes ans Licht und konnte seinen Platz finden. So wurde Energie frei, die vorher durch Negation gebunden war.

Nun ging Margarete voller Schwung ihren ursprünglichen Wunsch an, nach Bonn zu ihrem Freund zu ziehen und dort eine Stelle als Lehrerin anzunehmen. Der Weg war jetzt frei. Sie bewarb sich, geduldete sich einige Wochen und bekam die Stelle. Sie zog mit dem Beginn des neuen Schuljahrs nach Bonn. Nun wohnen die beiden an dem Wohnort ihrer Wahl zusammen und sind glücklich und dankbar.

Die Etymologie eröffnet neue Blickwinkel

Die Etymologie befasst sich mit der Geschichte und Entwicklung von Wörtern. Sie beleuchtet die Herkunft eines Wortes, die Verwandtschaft mit anderen Wörtern aus der eigenen und auch aus anderen Sprachen sowie die Lautentwicklung und die verschiedenen Aspekte seiner Bedeutung.

Die Geschichte der Wörter einer Sprache ist a
die Geschichte einer Kultur. Mit neuen Ein
anderen Ländern finden Wörter aus diesen
die eigene Sprache. So haben wir im Deutsche
Wörter arabischen Ursprungs, die schon seit
ten ein selbstverständlicher Teil unserer Sprach
sind, beispielsweise die Matratze, der Alkohc
und das Wort ‚matt'. Letzteres kommt aus dem
und leitet sich ab von der Redewendung ‚S
das heißt ‚der König ist tot'. Des Weiteren gibt
hunderten durch vielerlei Arten von Kontakt
dung, Reisen, Handel und Kriege, Wörter aus
ren Sprachen. Dabei sind Wörter griechischen, l
französischen und italienischen Ursprungs z
unserer Zeit kamen und kommen Wörter eng
sprungs dazu. So erzählen Wörter Kulturges
machen kulturelle Einflüsse sichtbar.

Bei manchen Wörtern ist die Bedeutung üb
hunderte gleich geblieben. Bei anderen hat sie
delt. Die ursprüngliche Bedeutung eröffnet vi
neuen Blickwinkel und lässt manches Wort in e
Licht erscheinen. Daraus ergeben sich immer w
und wirksame Lösungsansätze.

Lingva Eterna schöpft neben anderem
Quelle.

Was bedeutet ‚brauchen' für Sie?

Das Wort ‚brauchen' ist im allgemeinen Spra
weit verbreitet: Menschen brauchen für ihr
Kindergartenplatz, sie brauchen für den Einka
brauchen für den Kuchen Eier, und sie brauch

Zeit der Erholung. Jedes Mal empfinden sie brauchen, als etwas, was sie im Moment nicht doch haben wollen. Durch diesen Sprachgedas Wort ‚brauchen' für viele Menschen die :ines momentan empfundenen Mangels ange-

ɔfinden Sie das Wort ‚brauchen'? Ich lade Sie Wortprobe. Sagen Sie es langsam und halblaut ıtereinander. Wie klingt es nach? Als nächstes itte einen Satz mit ‚brauchen', beispielsweise: ɜ mich darum nicht zu kümmern." Oder: „Ich den Garten einen Sack Erde." Vielleicht kommt nderer Satz mit ‚brauchen' in den Sinn. Wie .n sagen Sie diesen Satz bitte zweimal halblaut ı wiederum in sich hinein.
Sie sich bitte, wie Sie den Satz jetzt empfinden. ıeuen Blick auf die ursprüngliche Bedeutung ‚brauchen' werde ich Sie nochmals einladen, rauchen' und den von Ihnen gewählten Satz sagen. Sie werden dann möglicherweise einen n Unterschied erleben.

eitet sich ursprünglich von dem lateinischen ;enießen' ab. Auch ‚fructum', ‚die Frucht' ist da-
ɪlt. Die Menschen haben genossen, was sie ge-
ı. Sie erlebten immer wieder von neuem das nten. Sie entwickelten Rituale und feierten Fesntstand das Brauchtum. Sie machten das, was n, zu ihrem Brauch. So wurde es ein Brauch, an reier zu bemalen und damit Haus und Hof zu Die Menschen brauchten die Ostereier, es war

:t hat eine Bedeutungsverschiebung erfahren.

Aus dem genussvollen, freudigen Brauch wurde die Notwendigkeit, etwas haben zu müssen.

Mit Lingva Eterna machen wir diese alte, wohltuende Bedeutungskomponente wieder bewusst und wecken damit etwas wieder zum Leben, was verschüttet war.

Karin brauchte einen Blumenstrauß

Karin war für einen Geburtstag eingeladen und freute sich darauf. Sie brauchte noch schnell einen Blumenstrauß und wollte dann weggehen. Das Wort ‚brauchen' hatte für sie die allgemein üblich gewordene Bedeutung, dass sie etwas haben und verwenden will, was sie im Augenblick nicht hat: Sie wollte einen Blumenstrauß mitbringen und hatte noch keinen. Sie konnte ihn kaufen oder auch selber die Blumen in ihrem Garten pflücken und daraus einen Strauß machen.

Ich sagte Karin die ursprüngliche Bedeutung des Wortes ‚brauchen'. Ein Lächeln huschte über ihre Lippen. Sie ‚brauchte' vieles. Sie empfand das Wort jetzt anders.

Daraufhin bat ich sie, ihren Einganssatz zu wiederholen. Der hatte gelautet: „Ich brauche noch schnell einen Blumenstrauß." Sie wiederholte ihn und sagte ihn jetzt so: „Ich brauche einen Blumenstrauß." Hier ließ sie das ‚schnell' weg, ohne sich dessen bewusst zu sein. Sie hielt einen Moment inne und fragte mich: „Darf ich den Satz auch ganz anders sagen?" Ich nickte: „Ja, gern!" „Dann sage ich: Ich kaufe jetzt einen bunten, duftenden Blumenstrauß für meine Freundin." Dabei strahlte sie.

In diesem Satz war der Genuss enthalten, der schon immer zum ‚brauchen' gehört hat. Diese lustvolle, farbige Komponente war nun wieder da.

Mögen Sie Ihren Satz von vorhin wiederholen? Wie nehmen Sie ihn jetzt wahr? Und wie klingt ‚brauchen' jetzt in Ihren Ohren?

12. Lingva Eterna-Übung

Schenken Sie eine Woche lang dem Wort ‚brauchen' Ihre Aufmerksamkeit.

Finden Sie Sätze, in denen Sie es ‚gebrauchen'. Gehört in Ihren Wortschatz auch das ‚Brauchtum' und ein ‚alter Brauch'? Wollen Sie ihm bewusst Raum geben? Wandelt sich mit dem neuen Blickwinkel für das ‚brauchen' Ihre Einstellung und Sichtweise für die eine oder andere Situation in Ihrem Leben?

Johann hatte wiederholte Leistenbrüche

Die etymologische Betrachtung der Leistenbrüche eröffneten Johann einen für ihn unerwarteten Lösungsansatz für seine beschwerliche gesundheitliche Situation. Ich folgte den Prinzipien von Lingva Eterna und griff das Wort ‚Leistenbruch' auf. Als erstes betrachtete ich einzeln die Wörter ‚leisten' und ‚Bruch'.

Ich bat Johann, zweimal das Wort ‚leisten' zu sagen. Er folgte meiner Bitte und sagte: „leisten – leisten." Dabei wurde seine Stimme traurig. Dann schaute er mich an und sagte: „Ich kann nicht noch mehr leisten. Es geht nicht." Der ‚Leistenbruch' erschien auf einmal im Bild des Leistenmüssens und des Leistungsdrucks. Irgendetwas war gebrochen, nicht nur das Bindegewebe der Leiste.

„Johann", sagte ich, „ich mag deinen Blick sprüngliche Bedeutung von ‚leisten' lenken. ‚Le Wort aus der Sprache der Schuhmacher. Ein S fertigt mit Hilfe eines Leistens für einen Kunde In denen kann er dann bequem und gut geh heißt ursprünglich ‚in der Spur gehen, Gefol ten'. Das ‚leisten' spricht die Treue und Gefolg Gefolgsmannes gegenüber seinem Herrn an. M im heutigen Sinn hat das ‚leisten' nichts zu Wort hat eine starke Bedeutungsverschiebung

Mit diesem Hinweis konnte Johann viel anf gibt mir viel. Ich bin loyal. Loyalität bedeutet bin loyal in Hinblick auf meine Firma und a blick auf meinen Chef. Dieses Übermaß an Arb nicht mehr erbringen. Das macht mich noch ga Die neue Sichtweise für das Wort ‚leisten' nahn von ihm. Mit dieser Bedeutung war er gern be ten und Leistung zu erbringen. Die Triebfec Handeln war jetzt nicht mehr der Druck von Bedürfnis, in Loyalität seine Arbeit zu tun, kan

Nun bat ich Johann, nochmals das Wort sagen und es wiederum einmal zu wiederhol jetzt anders: „leisten – leisten." Das Wort war le den.

Johann berichtete davon, in welcher berufl tion die Leistenbrüche jeweils gekommen ware den auslösende Momente bewusst. Da war be ein neuer Kollege dazugekommen. Und er bekommen, mit ihm nicht mithalten zu kön innerlich in eine Konkurrenzsituation geraten. nun der Zusammenhang bewusst: „Da gab es bei mir. Ich muss mich jetzt nicht mehr mit a gleichen. Das Wesentliche ist, dass ich in erst

ınd loyal bin und dann meinem Chef. Ja, das ein. Ohne die Leistenbrüche hätte ich das viel-
kannt!" Er atmete erleichtert auf.

nologische Ansatz ermöglichte es Johann, die ıe mit neuen Augen zu sehen und mit neuen ören. Die ursprüngliche Bedeutung des Wortes der Schlüssel für seine gesundheitliche Frage. hatte sich ihm die Lösung eröffnet. Das Wort ste in ihm nun gänzlich andere Bilder aus. Mit e er gut leben und sich wohl fühlen.

eser ersten wesentlichen Erkenntnis betrach-einsam mit Johann konkrete Situationen in sei-n und beruflichen Alltag, die etwas mit dem tung' und ‚leisten' zu tun hatten. Wir beleuch-ınder Sätze und Formulierungen, die er bislang tuationen gebraucht hatte. Manche von ihnen vir nach den Prinzipien von Lingva Eterna. Mit er sich gut für seinen beruflichen Alltag aus-fühlte sich sicher und kraftvoll. Er war bei sich kommen. So konnte er leisten, leisten in dem n Sinn.

ıt auch etwas mit Sprechen zu tun

ıe Sprache ist die Sprache der Dichter und formten und formen Gedanken in Wörter und Rhythmus und der Klang einzelner Wörter ıd unterstreichen die inhaltliche Aussage, die und Denker mit ihnen machen will. Versmaß, lautmalende Wörter sind dabei wesentliche e ich schon als Schulkind kennen lernte.

Doch erfasste ich den wahren Reichtum von Dichtung und täglich gesprochener Sprache damit noch lange nicht. Eine glückliche Fügung führte Dr. Theodor von Stockert und mich vor wenigen Jahren zu einem gottbegnadeten Sprecherzieher, zu Werner Mönch-la Dous. Er ist Musiker und Schauspieler und stand in seinem Leben auf vielen Bühnen. Er weiß, was stimmschonendes, kraftvolles Sprechen bedeutet. Viele Jahre lang lehrte er an der Musikhochschule Aachen Sänger und Sängerinnen Sprecherziehung.

Werner Mönch-la Dous leitete uns an, Texte mit neuen Augen zu lesen und mit neuen Ohren zu hören und mit einem neuen Bewusstsein zu sprechen. Dies galt gleichermaßen für klassische und für alltägliche Texte.

Als erstes machte er uns bewusst, dass wir im Deutschen 26 unterschiedliche Vokale artikulieren und 25 Konsonanten. Aus dem Alphabet kannte ich andere Zahlen. Das deutsche Alphabet und die deutsche Rechtschreibung bilden diese Vielfalt an Lauten nicht ab. Uns tat sich nun in unserer eigenen Muttersprache ein neuer Reichtum auf und eine völlig neue Perspektive. Wir waren neugierig.

Wir näherten uns unserer eigenen Muttersprache noch einmal von Neuem. Wie ein kleines Kind entdeckten wir, dass es lange und kurze, offene und geschlossene Vokale gibt und Diphtonge wie ‚au' und ‚ei'. Bei den Konsonanten wurde uns klar, dass wir für manche keinen eigenen entsprechenden Buchstaben haben. Das ‚ch' wie in Dach ist ein anderer Laut als das ‚ch' in ‚ich'. Wir schreiben sie mit derselben Zeichenkombination. Auch das stimmhafte ‚S' in Sonne schreiben wir genauso wie das stimmlose ‚S' in Tasse. Dies gilt auch für weitere Konsonanten.

Wir erkannten mehr und mehr Ungereimtheiten in der deutschen Rechtschreibung. Sie bildet die phonetische Wirklichkeit nicht ab und führt uns manchmal in unserem Bild von der Aussprache in die Irre. Beim Lesen und Sprechen eines Textes durften wir von nun an viel Neues entdecken. Bis dahin hatten wir ihn einfach so gelesen, wie er auf dem Blatt stand.

Werner Mönch-la Dous machte uns gleich bei unserem ersten Zusammentreffen die neuen Möglichkeiten schmackhaft. Er wählte als erstes einen Text, den wir beide schon aus Schulzeiten kannten und den wir wiederholt gehört hatten: Er trug uns die Ringparabel aus ‚Nathan der Weise' von Gotthold Ephraim Lessing vor und las danach einen alltäglichen Text aus der Tageszeitung. Wir erkannten, welches Volumen und welche Fülle und Differenziertheit Sprache haben kann, wenn sie wirklich klingen und schwingen darf. Wir lauschten ihm und waren fasziniert.

Ich hatte die Ringparabel schon öfters gehört. Doch erreichte mich ihre Botschaft erst dieses Mal. Sie war so aktuell wie damals und so lebendig wie noch nie. Ich hatte das Empfinden, dass ich sie vorher noch nie wirklich gehört hatte. Das lag an der Art des Sprechens Moment erwachte meine Neugierde auch auf a sische Texte. Ich begann zu ahnen, welches Po mir auftat. Es war offensichtlich, dass die Kra che mit diesem Wissen und Können noch einm ße Steigerung erfährt. Wir blickten einander e: Augenblick an und wussten beide: Dies war stunde für Lingva Eterna.

Werner Mönch-la Dous lehrte uns, die Sch die Kraft der gesprochenen Sprache neu zu erf che hat etwas mit Sprechen zu tun. Er legte u nem Lehrbuch sein Lebenswerk in die Hände. W es dankbar an und tragen sein kostbares Wis So wurde die Sprecherziehung ein fester Best Lingva Eterna. (Werner Mönch-la Dous, Gesund kraftvolle Sprache, ein Praxisbuch mit Audio Ringparabel am Ende der Übungen)

Wohlfühlen beginnt mit einem stimmhafte

‚Wohlfühlen' ist ein angenehmes Wort. Bei d Menschen ruft es behagliche Gefühle hervor u ein Lächeln auf ihre Lippen und auch auf die Angesprochenen. Es gibt einige Redewendung Wohlfühlen beinhalten: ‚sich wohl fühlen', ‚s: rum wohl fühlen', Wohlfühl-Atmosphäre, Woh

Bevor Sie das Wohlfühlen neu entdecken um eine Wortprobe. Sagen Sie bitte zweimal la halblaut: „Wohlfühlen – Wohlfühlen" und ho: sich hinein. Wie sagen Sie dieses Wort jetzt un finden Sie es? Bitte merken Sie sich Ihre Beoba werde sie gleich noch einmal aufgreifen.

hlen und auch die anderen Wörter mit der
gewinnen an Kraft und an Wirkung, wenn wir
Laut neu entdecken. Jeder einzelne Laut hat
ene Kraft. Haben Sie Lust, sich das Wohlfühlen
neu zu erschließen? Ich lade Sie ein zu einer
sreise in Ihren eigenen Mund!

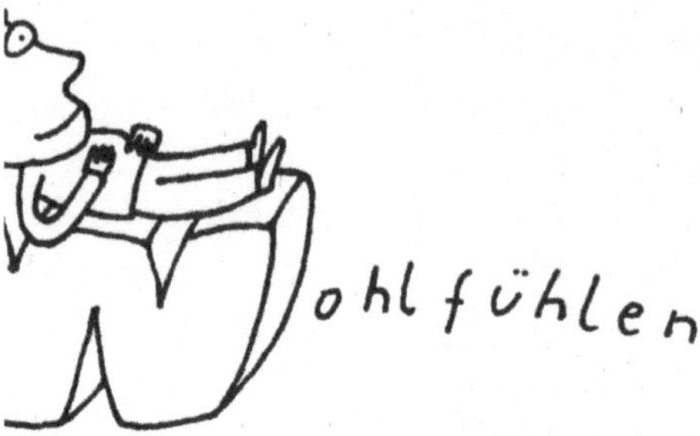

beginnt mit einem ‚W'. Wie bilden Sie diesen
? Halten Sie inne, bevor Sie weiterlesen. Was
genau?
' legen Sie die Unterlippe locker an die oberen
ne und bilden einen stimmhaften Laut. Das
e an derselben Stelle, nur als stimmlosen Laut.
haften ‚W' vibriert der Resonanzraum im Brust-
e empfinden Sie diesen Laut?
folgt der zweite Laut. Dem stimmhaften ‚W'
ges, ich mag beinahe sagen ein genüssliches, ge-
‚O' wie in ‚Mond'. Formen Sie auch dieses mit
l. Was machen die Lippen? Was macht die Zun-
Gefühl erzeugt das lange, geschlossene ‚O'?
men Sie bitte als dritten Laut das ‚L': Beim
unge mit ihrer Spitze direkt hinter den obe-
ezähnen. Diese Zungenposition entspricht der

Ruheposition der Zunge. Hier befindet sich Ihre Zungenspitze, wenn Sie gelöst und locker sind. Dies ist ein Laut, der das Wohlfühlen gut zum Ausdruck bringen kann.

Danach folgt das zweite Wort ‚fühlen'. Es beginnt mit einem stimmlosen ‚F'. Beim ‚F' legen Sie wie beim ‚W' die Unterlippe locker an die oberen Schneidezähne. Nur bilden Sie jetzt einen stimmlosen Laut. Spüren Sie diesen Laut und den Luftstrom. Wie geht es Ihnen mit dem ‚F'?

Dem ‚F' folgt wieder ein langer Vokal, wie schon das lange ‚O' in ‚Wohl'. Wie bilden Sie das ‚Ü'? Was macht die Zunge, und was machen die Lippen? Was ist beim ‚Ü' anders als beim ‚O'? Entdecken Sie die Nähe und auch den Unterschied!

Nach dem langen ‚Ü' bilden Sie wieder ein ‚L', wie schon bei ‚Wohl'. Spüren Sie bitte nochmals die Zungenspitze direkt hinter den oberen Schneidezähnen.

Nun setzen Sie die einzelnen Laute des Wortes W-OH-L-F-ÜH-L-E-N zusammen. Das ‚H' nach den Vokalen zeigt dabei an, dass der Vokal lang ist. Nach diesem bewussten Artikulieren erstrahlt das Wort in neuen Glanz und in neuer Kraft.

Sagen Sie langsam und genüsslich ‚Wohlfühlen'. Erlauben Sie sich, jeden einzelnen Laut wahrzunehmen.

Erinnern Sie sich bitte an Ihre Wortprobe von vorhin. Wie klang das Wort da? Und wie klingt es jetzt?

Bettina tankte neue Kraft

Bettina war eine junge Ärztin Anfang dreißig. Sie arbeitete engagiert an einem medizinischen Projekt mit und ging vor lauter Überstunden darin nicht nur auf, sondern auch fast unter. Sie sprach schnell und hektisch und fühlte sich überfordert. Sie wollte endlich einmal wieder ausschlafen und sich so ganz und gar wohl fühlen.

Nach den Prinzipien von Lingva Eterna bot ich ihr als heilsames Wort das Wort ‚Wohlfühlen' an. Bettina ließ sich darauf ein, mit dem entsprechenden Wort das Wohlfühlen neu für sich zu entdecken. Ich bat sie daraufhin, einen Satz mit ‚wohl fühlen' zu bilden und diesen dann zweimal zu wiederholen. Sie sagte: „Ich will mich wieder einmal so richtig wohl fühlen." Das ‚L' von ‚wohl' war kaum zu hören. Sie verschluckte es fast ganz. Und die Vokale waren beide eine Nuance zu kurz und eilig.

Danach bildete sie ein stimmhaftes ‚W' am Anfang und formte zwei lange Vokale. Anfangs glaubte sie, dass sie dafür keine Zeit habe. Doch dann spürte sie die Wirkung und war davon fasziniert. Sie wiederholte mehrfach langsam und halblaut: „Ich fühle mich, und ich fühle mich wohl!"

Sie meinte abschließend mit einem strahlenden Lächeln: „Ich hatte mich wohl lange nicht mehr richtig gespürt. So habe ich Wohlfühlen noch nie erlebt! Das ist wundervoll!"

Lassen Sie sich ein Wort auf der Zunge zergehen

Die bewusste Artikulation birgt noch weitere Schätze. Der Klang eines Wortes entspricht vielfach dem, was dieses Wort in seinem Inneren bedeutet. Hier wird oft eine tiefe Weisheit sichtbar.

Ich lade Sie ein, einzelne Wörter daraufhin neu zu entdecken und zeige Ihnen am Beispiel der ‚Knospe', was ich meine.

Sagen Sie bitte langsam und halblaut ‚Knospe' und wiederholen das Wort so oft, bis sie es vom ersten Laut bis

zum letzten Laut wahrnehmen können: „Kno
pe – Knospe – Knospe". Lauschen und spüren
die Laute der Reihe nach bilden.

Sie beginnen mit einem ‚K'. Diesen Laut b
harten Verschlusslaut hinten im Mund mit d
Gaumensegel, dem Velum. Beim Sprechen spa
Bauchmuskulatur an. Die Kraft kommt von tie
‚K' ist ein sogenannter harter velarer Verschlus

Dem ‚K' folgt das ‚N'. Hier berührt der Zu
den harten Gaumen, das Palatum. Die Aten
durch die Nase. Das ‚N' ist ein palataler Nasal.

Nach dem ‚N' folgt das ‚O', ein Vokal. Spü
welche Qualität das ‚O' hat: Ist es lang oder
oder geschlossen? Gönnen Sie sich die Zeit, dies
men. Was machen dabei die Lippen und was d

Sie werden merken, dass Sie mit den Lipp
Zunge einen weiten, schützenden Raum form
‚O' von ‚Knospe' runden Sie die Lippen. Sie öff
fer leicht. Die Zunge befindet sich unten im M

So entsprechen bis hierher die Laute dem
Knospe. Eine Kraft kommt von innen, und c
rauskommen und daraus werden wird, ist nc
Kelchblättern umschlossen.

Nach dem Vokal ‚O' folgen ‚S' und ‚P' und
kurze, auslautende ‚E'. Wie formen Sie diese La

Beim ‚S' kerben Sie die Zunge in der Mitt
nach ein. Damit entsteht eine Rille. Durch die
Luft an den oberen oder, bei manchen Mensc
unteren Schneidezähnen. Das ‚S' in Knospe i
nannter stimmloser dentaler Reibelaut. Da kon
mit Kraft von hinten nach vorne.

Beim ‚P' springt dann die Knospe auf: ‚P' i
bilabialer Verschlusslaut. Sie bilden ihn mit be

damit kraftvoll den Mundraum nach einem
:en Verschluss. Das kurze auslautende ‚E' gibt
ıum, sich zu entfalten. Die Knospe öffnet sich.
wie bei Knospe bilden viele Wörter ab, was sie
:h empfinde es immer wieder als ein Erlebnis,
wie viel Weisheit in der Sprache enthalten ist.
ein, sich die Zeit zu schenken und Wörter zu
en Sie sich das eine oder andere Wort auf der
:hen und fühlen Sie seine Wirkung und auch
tung neu.

ɔrache liegt eine tiefe Kraft. Mit Lingva Eterna
vielerlei Weisen sichtbar.

3 Sprache in alltäglichen Situationen

Täglich wiederkehrende Situationen aus dem p
beruflichen Alltag erscheinen vor dem Hinte
Lingva Eterna in neuem Licht. Nicht nur wir ma
sen Situationen etwas mit unserer Sprache. Un
Sprache macht auch etwas mit uns.

Gerade in völlig alltäglich erscheinenden Situat
Menschen das, was sie sagen wollen. Dabei ref
die Struktur ihrer Sprache nicht. Sie reden ein
chen Momenten offenbaren sich ihnen und na
ihrem Umfeld tiefsitzende Prägungen und Le
lungen. Und genau in solchen Momenten kö
leicht und scheinbar nebenbei wandeln – vorau
wissen, auf was es dabei ankommt.

Diese Situationen bieten wundervolle Mö
eigene Prägungen und Denkmuster zu erkenn
zielt mit scheinbar geringfügigen Änderungen
gewohnten Formulierungen das eigene Leben

d neue Akzente zu setzen. Menschen aus dem pfinden die gewandelte Sprache oftmals als ınd geben entsprechende wohlwollende und nale. Dabei wissen sie nicht genau, was anders n sie des Öfteren auch so.

ne große Stärke von Lingva Eterna, dass wir ren Betrachtungen der individuellen Sprache er von alltäglichen Situationen ausgehen und wieder in alltäglichen Situationen ankommen. 'eise ist es leicht, das Gelernte und Erkannte in :u integrieren. Dies ist sicher ein wesentlicher lie schnelle Wirkung und die große Nachhal-.ingva Eterna.

he Situationen sind eine Fundgrube für jeden, :inem von Lingva Eterna geschulten Ohr und Ich lade Sie ein, solche Situationen mit neuen ɔren und mit neuen Augen zu sehen und mit ı Blick für die Wirkung von Sprache neu zu ge-

Sie den Kontakt sicher her: Die drei A

ıen Miteinander sprechen Menschen einander chen sich dennoch oftmals nicht. Die Informa-en zwar durch den Raum, doch gehen sie an ɔrochenen vorbei. Häufig ist das eine Ursache nd bringt Abläufe oft erheblich ins Stocken ıus der Bahn. So bleiben viele wertvolle Infor-ɩf der Strecke.

ın ganz einfache Gründe haben: Der Ange-ɜt mit seiner vollen Aufmerksamkeit bei seinem Tun. Die Information des anderen ging an ihm vorbei. Der andere mag ihm dies als Ignorieren auslegen. In Wirklichkeit hat er jedoch versäumt, sein Gegenüber klar anzusprechen und mit ihm Kontakt aufzunehmen, ehe er weitersprach.

Erwachsene reden oftmals einfach los, ohne erst bewusst den Kontakt mit dem Gesprächspartner herzustellen. Sie nennen nicht einmal seinen Namen. Sie könnten genauso gut jemanden anderen ansprechen. Es ist einsichtig, dass der Gesprächspartner sich dann nicht angesprochen fühlt und folglich nicht hinhört.

Das klingt dann beispielsweise so: „Ich gehe in die Verwaltung." Der Kollege bekommt diese Äußerung möglicherweise nicht mit. Niemand hat ihn wirklich angesprochen, und er war in seine Arbeit vertieft. Manche Menschen machen einen anderen Fehler. Sie sprechen ihren Gesprächspartner mit seinem Namen an. Doch schließen sie an den Namen in einem Atemzug ihre Botschaft an. Damit reden sie über den Angesprochenen hinweg oder an ihm vorbei. Oftmals hört er seinen Namen nicht. Er geht im folgenden Text unter. Das kann so klingen: „Martin, ich gehe in die Verwaltung." Natürlich wird er als Folge auch nicht oder nicht gleich hinhören können. Mindestens ein Teil der Botschaft ist bis dahin an ihm vorbei gegangen.

Das Ergebnis dieser beiden Kommunikationsfehler ist jeweils frustrierend und Quelle häufiger Ärgernisse. Diese sind völlig überflüssig.

Es ist einfach, die Aufmerksamkeit des Gesprächspartners zu gewinnen und ihm erst danach die jeweilige Information zu geben. Die drei A helfen dabei. Sie sind eine Basisübung von Lingva Eterna: Das erste A steht für Ansprechen, das zweite A für Anschauen und das dritte A für einen kurzen Atemzug, bevor die eigentliche Aussage, Bitte oder Frage, kommt.

Mit den drei A heißt der obige Satz so: „Martin!" – Reaktion abwarten – „Ich gehe in die Verwaltung und werde danach gleich wiederkommen." Hier kam nach den drei A eine klare Auskunft hinsichtlich der Dauer der Abwesenheit. Dann weiß der Kollege genau Bescheid.

Wir können hier von kleinen Kindern viel lernen. Sie wenden die drei A immer an. Sie nehmen mit ihrem Gesprächspartner immer Kontakt auf, ehe sie weitersprechen. Sie sagen: „Mama" oder „Papa" und schauen sie an. Dabei warten sie auf eine Reaktion. Sie sagen dies so oft, bis der Angesprochene den Kontakt mit einem Blickkontakt, Nicken, Blinzeln oder einem „Ja!" oder einer anderen Äußerung bestätigt. Kleine Kinder weinen eher, als dass sie weitersprechen. Sie verlieren keine Worte, ehe sie sich des Kontaktes sicher sind.

Johanna blühte auf

Johanna fühlte sich oft übersehen und wen wenn ihre Kolleginnen ihre Anmerkungen ur anscheinend überhörten. Sie hatte den Ärger heruntergeschluckt und war verzweifelt. Sie w was sie falsch machte.

Die drei A waren die Lösung für sie. Sie erl sie ihre Kolleginnen nie oder so gut wie ni Namen angesprochen hatte. Sie hatte immer „Könntest du bitte ...?" Oder: „Kannst du bitt sie hatte einfach gesagt, was sie sagen wollte, (den Kontakt herzustellen.

Nun machte sie sich als erstes bewusst, wa weiligen Kollegin sagen wollte. Danach sprach dem Namen an und schaute dann die Kollegi Blickkontakt mit ihr hatte. Des Weiteren achtet kurze Atempause, ehe sie weitersprach. Johar war groß: Sie erlebte, dass die Kolleginnen si ansahen und das, was sie sagte, ernst nahmen u auch aufgriffen. Das war für sie neu. Sie erkan schlicht und ergreifend einen grundlegender der Kontaktaufnahme gemacht hatte. Den hatte hoben.

Das Arbeitsklima wurde mit dieser kleine herzlicher und deutlich lockerer als vorher. auch die Bereitschaft, einander zu helfen.

Johannas bewusstes Ansprechen der Kollc Kollegen mit ihrem Namen hatte noch eine v kung und zog Kreise: Johanna erlebte in den genden Wochen, dass diese nun auch sie des ihrem Namen ansprachen und die drei A anw hatten ihren Impuls aufgegriffen, ohne dass Jo sprochen oder es ihnen erklärt hatte. Sie spür- ihr der neue Umgangston tat. Dabei erkannte und dankbar, dass sie in ihrer Umgebung et- end in Bewegung bringen konnte, allein indem genen Sprachgebrauch im Sinne von Lingva lelte.

eginnen sprachen sie nach einigen Wochen an sie, was bei ihr anders geworden sei. Sie und konnten es doch nicht genau fassen. Erst hlte sie ihnen von Lingva Eterna und steckte nen mit ihrer neu gewonnenen Freude an der

Eterna-Übung

grieren Sie die drei A in Ihren Alltag:
prechen,
chauen und Blickkontakt aufnehmen und
emzug.

n, ich habe eine Frage an dich!" machen Sie nsprechen des Namens bitte eine kleine Pause: h habe eine Frage an dich!"
Sie, welche Wirkung die drei A auf Sie selbst lmfeld haben!

Wie bestellen Sie Essen?

In täglich wiederkehrenden Situationen gebrauchen Menschen die ihnen gewohnten Formulierungen. Sie haben sie schon immer so gebraucht und finden sie völlig normal. Und genau in diesen Situationen offenbaren sich, wie Sie bereits wissen, tiefsitzende Sprach- und damit Denkstrukturen. Lingva Eterna greift darum bewusst solche spontanen und scheinbar banalen Sätze aus dem Alltag auf und bietet Alternativen an.

So lade ich Sie ein, mich gedanklich in ein italienisches Restaurant zu begleiten. Das Bestellen von Essen erweist sich als eine wahre Fundgrube an Möglichkeiten. Bevor Sie weiterlesen, bitte ich Sie, sich vorzustellen, wie Sie Platz nehmen und gleich Spaghetti bestellen werden. Was werden Sie sagen, wenn die Bedienung kommt und die Bestellung aufnimmt?

Der Großteil der Gäste sagt: „Ich hätte gern Spaghetti." Oder: „Ich möchte gern Spaghetti." Wieder andere sagen nur: „Einmal Spaghetti, bitte!" Wieder andere stellen eine Frage: „Können Sie mir Spaghetti bringen?" Damit aus der Frage eine Bitte wird, fügen sie ein ‚bitte' ein. Die Satzmelodie ist dann eine Bitte und der Satzbau eine Frage. Einige wenige Gäste sagen: „Bitte bringen Sie mir eine Portion Spaghetti!"

Sie alle bestellen eine Portion Spaghetti. Das ist vordergründig das Gemeinsame. Bei genauem Hinsehen und Hinhören werden Sie bedeutsame Unterschiede in den Formulierungen bemerken. Und diese Unterschiede spiegeln die Lebenssituation und die Lebenseinstellung der Sprecher weitgehend wider.

Der Satz „Ich hätte gern Spaghetti" ist ein halber Satz. Diesem Satz fehlt die zweite Hälfte: „... wenn ich Lust auf Spaghetti hätte, wenn es nicht schon so spät wäre" usw. Diese Bedingungen sind im Allgemeinen sinnlos. Mit dem halben Satz lädt der Sprecher Situationen in sein Leben ein, in denen ihm ein bedeutsamer Teil fehlt. Seminarteilnehmer sind immer wieder völlig erstaunt, wie schnell sie als eine Alternative wieder einen halben Satz bilden.

Dann folgt im Allgemeinen die zweite Variante: „Ich möchte gern Spaghetti!" ‚Möchten' ist der Konjunktiv zu ‚mögen'. So ist ein Satz, der mit „Ich möchte gern ..." beginnt, grammatikalisch gesehen auch nur der erste Teil eines Bedingungssatzes. Der zweite Teil fehlt auch hier. Damit ist aus der Sicht von Lingva Eterna eines klar: Diesen Menschen fehlt etwas in ihrem Leben und sie laden dieses wiederkehrende Muster mit diesem sprachlichen Muster immer wieder neu in ihr Leben ein.

Die dritte Variante der Spaghetti-Bestellung ist auch ein unvollständiger Satz: „Einmal Spaghetti, bitte!" Auch hier fehlt ein wesentlicher Teil. Dieses Mal fehlt das Verb. Der Kellner kann sich die Wörter „Bringen Sie mir ..." dazudenken. Doch macht ihn das im Laufe eines langen Tages

bei zig Bestellungen dieser Art mit der Zeit ärg
dass es ihm bewusst ist. Dies ist die zweite Se
kung von Bestellungen.

Ich bleibe mit meiner Aufmerksamkeit w
der Seite des Gastes und betrachte die Wirl
Bestellung auf ihn selbst. Der Gast bestellt si
fragmenten mehr als nur die Portion Spaghet
in Fragmenten und lädt mit dieser Art zu spre
denken Bruchstücke und halbe Sachen in seir
Dies gilt für jede der drei Varianten.

Der vierte Satz mit der Fragestellung „Kör
bitte Spaghetti bringen?" trägt auf der struktu
einen Widerspruch in sich. Der Gast vermisch
Bitte. Damit gibt er dem Kellner eine verworrc
tion, wobei er glaubt, dass seine Formulierung
In Wahrheit stellt er sein Bitten in Frage.

Ein kleiner Teil der Gäste bildet bei der Best
vollständigen Satz und äußert eine klare Au
„Bitte bringen Sie mir eine Portion Spaghetti!'
ner atmet auf und weiß genau, was der Gast
er sich leicht. Dieser Gast ist ein Mensch, der
kennt und weiß, was er will und was er si
Seine Klarheit ist bereits in dieser kurzen Sitı
lich spürbar. Mit einer solchen Art zu sprechen
ken ist es ihm auch in anderen Lebenssituati
Dinge zu Ende zu führen und rund zu macl
ganze Sachen in sein Leben ein.

Die sprachlichen Merkwürdigkeiten bei den B
gehen beim Bedienen weiter. Lauschen Sie, w
ner sagt, wenn er das Essen an den Tisch bringt
te die Spaghetti?" Würden Sie sich jetzt meld
Ihnen an dieser Frage irgendetwas komisch vo

st auch diese Frage nur ein Halbsatz: Das Verb änzen, ohne es zu merken: ‚haben' oder ‚essen'. ragt der Kellner, wer die Spaghetti haben woll- aucht dabei die Vergangenheit. Der Gast woll- ıetti mit Sicherheit nicht nur essen: Er wartet will sie noch immer essen. Die Vergangenheit ım Platz.

ı Sie sich noch an den Satz, mit dem Sie Ih- paghetti am Anfang dieses Kapitels bestellen mmt er noch so für Sie? Oder wollen Sie ihn h bin sicher, dass Sie beim nächsten Bestellen werden. Und den wünsche ich Ihnen auch!

:h eines: Haben Sie Geduld mit sich! Guten

n Sie sich am Telefon?

eren gehört zum Alltag. Dabei können Sie ent- ınrufende sein oder der oder die Angerufene. en, bei Ihnen daheim klingelt das Telefon und das Gespräch an. Jeder weiß, wie das geht: Erst :n Hörer ab und dann melden Sie sich. Danach r Anrufer melden. Nun habe ich eine Frage an den Sie sich am Telefon daheim?

; folgen Erwachsene hierbei einer Gewohnheit, en eine feste Vorstellung von dem, was aus ih- einen Erwachsenen richtig ist, und halten sich

wie beim Bestellen im Restaurant sind auch che Varianten üblich. Dies kann ein schlich- ' sein oder ein „Ja bitte?!" Oder auch nur ein fragendes Ja: „Ja?" Bei diesen Kurzformen zeigt sich der Angerufene nicht. Er gibt sich nicht namentlich zu erkennen. Vielleicht will er dies in diesem Moment auch so. Er weiß ja nicht, wer ihn anruft, und der Anrufende weiß eher, wen er an der Leitung haben wird. Wenn mehrere Menschen zusammenleben, dann können dies freilich mehrere Personen sein.

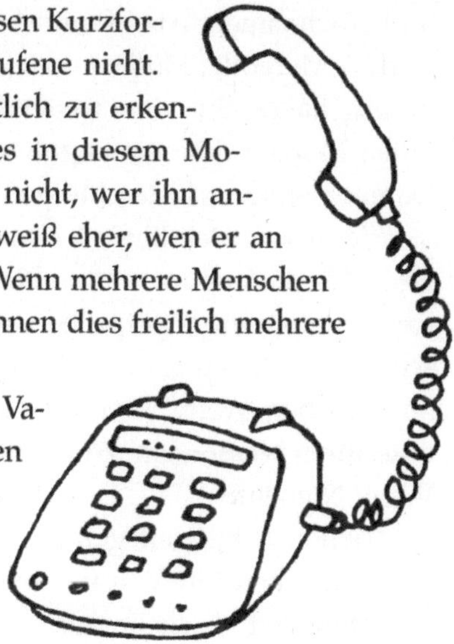

Ich lade Sie ein, diese Varianten zu erproben. Stellen Sie sich bitte vor, dass das Telefon klingelt und Sie den Hörer abnehmen. Sagen Sie eine dieser Kurzformen halblaut und horchen Sie in sich hinein: „Hallo? – Hallo?" Wie klingt diese Äußerung für Sie? Wiederholen Sie dies noch einmal.

Mögen Sie auch die Wirkung der anderen beiden Kurzformen ausprobieren? Horchen Sie jeweils in sich hinein und spüren Sie, was dieses kurze Melden mit Ihnen macht: „Ja? – Ja?" und dann „Ja bitte? – Ja bitte?" Wie geht es Ihnen mit diesen Kurzformen? Fühlen Sie sich mit Ihnen wohl? Sind für Sie alle drei gleich? Oder gibt es Unterschiede?

Sie können sich am Telefon natürlich auch mit Ihrem Namen melden. Auch hier haben Sie mehrere Möglichkeiten, aus denen Sie wählen können. Freilich können Sie nur dann wirklich wählen, wenn Sie eine Wahl haben und nicht nur einem Automatismus folgen.

Vielleicht melden Sie sich nur mit Ihrem Nachnamen oder nur mit Ihrem Vornamen oder auch mit Ihrem Vor-

und Nachnamen. Als Margot Müller sagen Sie dann entweder „Margot", „Müller" oder „Margot Müller". Und wiederum haben Sie eine weitere Wahl: Sie können einen guten Morgen oder einen guten Tag wünschen und Ihren Namen nennen: „Guten Morgen! Ich bin Margot Müller."

Sie sehen: Der Beginn eines ganz normalen Telefongesprächs kann ganz unterschiedlich sein. Auch hier lade ich Sie ein, eine Wortprobe zu machen und die unterschiedliche Wirkung dieser drei Varianten mit dem Namen zu erproben. Wenn Sie dies tun mögen, dann setzen Sie bitte Ihren Namen ein. Wie klingen die drei Varianten mit Ihrem Namen?

Vielleicht klingelt gerade zufälligerweise Ihr Telefon und Sie gehen hin. Wie melden Sie sich? So wie immer? Oder bewusst so wie immer?

Manche Menschen glauben, dass es schneller sei, nur den Nachnamen zu sagen als den vollständigen Namen und dass sie dann damit Zeit gewinnen. Wieder andere glauben, dass nur Kinder sich mit ihrem Vornamen und Nachnamen melden und dass sie dafür schon zu alt seien.

Der vollständige Name hat natürlich eine andere Wirkung als nur der kurze Nachname: Mit dem vollständigen Namen zeigen Sie sich viel mehr als nur mit dem Nachnamen. Sie erlauben sich Zeit und Raum. Das ist für viele Menschen neu. Dies hat viel zu tun mit dem Selbstbewusstsein eines Menschen.

Es gibt noch einen weiteren Aspekt. Ein kurzes, knappes „Hallo!" oder „Müller" erzeugt beim Anrufenden leicht das Empfinden, dass Sie in Eile sind und der andere Sie gerade stört. Mit dem zeitlich gesehen minimal längeren Gruß strahlen Sie Ruhe aus und haben damit auch eine beruhigende Wirkung auf den Anrufer, selbst wenn und auch gerade dann, wenn dieser angespannt ist.

So gibt ein Mensch am Telefon vielsagende Si; indem er den Hörer abhebt und sich meldet. D gibt er sich selbst und auch seiner Umwelt. Sie mer, egal ob er sie bewusst aussendet oder ni ken in erster Linie auf ihn selbst.

Petra meldet sich mit ihrem vollen Namen

Anfangs glaubte Petra, dass sie mit ihren 36 J sei, um sich mit Vor- und Nachnamen zu meld dass das nur kleine Kinder und Schulkinder t es albern, sich mit „Petra Klein" zu melden. Si „Klein" genüge. Schließlich hatte sie sich schc gemeldet, seit sie erwachsen war.

Auf der einen Seite lehnte sie es ab, sicl Telefon anders zu melden, als sie es seit Jahren Auf der anderen Seite war sie zu uns gekom Selbstwertgefühl zu stärken. Sie klagte, dass sie noch immer nicht so richtig wahrnahm. Si darum oft übersehen.

So war die Übung mit dem Telefon für sie j neut eine wundervolle Möglichkeit, sich den zeigen. Nach anfänglichem Zögern wagte sie Für sie war es ein großer Schritt. Wenn sie scho res Telefonierens änderte, dann wollte sie gleicl Sache machen und dem Anrufer auch etwas schen. Dies entsprach ihrer inneren Einstellu sie von nun an: „Petra Klein. Guten Tag!"

Dies wollte sie vier Wochen lang so mache entscheiden, wie sie sich weiterhin melden w nach den ersten Tagen merkte sie die Wirku rufenden waren mit ihr deutlich herzlicher un ie bedankten sich danach bei ihr oftmals für ıme Gespräch und wünschten auch ihr einen ies tat ihr gut. Sie fasste immer mehr Mut und auch sonst in ihrem Leben mehr und mehr. ihre Wünsche und Bedürfnisse klar zu äußern, dass andere sie ihr gern erfüllten. So tat sich ı neu gewonnenen Bewusstsein für die Wir-rache eine neue, bunte Welt auf.

vier Wochen für die Telefonübung um waren, der für sie inzwischen schon selbstverständ-ich am Telefon zu melden. Von nun an meldete ı an ihrem Arbeitsplatz auf eine für sie bis da-ise, mit einem ebenso guten Ergebnis.

euden

fen kann je nach innerer Einstellung und Le-n eine Freude oder eine Last sein. Mit dem ingva Eterna gewinnen diese so alltäglichen einen neuen Reiz.

d Menschen einkaufen, pflegen sie ihre ge-rachmuster und damit auch ihre Denkmuster.

Diese offenbaren sich dabei ihnen selbst und auch ihrem Umfeld ebenso, wie wir dies bereits beim Bestellen im Restaurant und beim Telefonieren gesehen haben. Dies gilt in gleicher Weise für vielerlei private und berufliche Situationen.

Auch hier gibt es Menschen, die durch ihre Art zu sprechen zeigen, dass sie erfolgreich, zielorientiert, klar und selbstbewusst sind. Sie bilden klare, eindeutige Sätze und haben einen anderen Wortschatz als diejenigen, die sich in ihrem Leben immer wieder als Opfer der Umstände sehen und vielfach Mangel erleben. Dieselben Menschen sprechen in Hinblick auf die sprachliche Struktur ihrer Sprache immer dieselbe Sprache. Es wandelt sich einzig und allein der Rahmen und die Thematik der Gespräche und Äußerungen.

Den meisten Kunden ist nicht bewusst, wie sie die Verkäuferin oder den Verkäufer ansprechen. Die Hauptsache ist für sie, dass sie nach dem Einkauf die gewünschten Dinge nach Hause tragen können. Doch ist das nur ein Teil des Einkaufens. Die Situation hält mehr für Sie bereit, wenn Sie sich darauf einlassen.

Diese Situationen sind eine stetig wiederkehrende Chance, dem eigenen Leben durch neue sprachliche Wendungen eine Wende zu geben. In solchen Momenten kann jeder Mensch damit beginnen, sich von sprachlichen Gewohnheiten und frühen Prägungen zu lösen. Ebenso kann er auch damit beginnen, bewusst neue, wohltuende Rede-Wendungen in seinen persönlichen Sprachgebrauch aufzunehmen.

So sind natürlich Einkaufssituationen im Sinne von Lingva Eterna wunderbare Möglichkeiten, auf die Ausdrucksweise der Glücklichen und Erfolgreichen zu lauschen und von ihnen zu lernen. Hier tut sich wieder ein weites Übungsfeld auf.

Ich lade Sie nun ein, sich innerlich auf einen Einkauf im Obst- und Gemüsegeschäft einzustellen. Wie gehen Sie hinein? Wie beginnen Sie das Gespräch und was sagen Sie, wenn Sie nach dem Einkauf zwei Salatköpfe, ein halbes Kilo Bohnen, ein Bund Bohnenkraut und zwei Kilo Kartoffeln in Ihrem Korb haben wollen?

Sagen Sie: „Ich hätte gern zwei Salatköpfe!" Halten Sie inne und wiederholen Sie diesen Satz bitte: „Ich hätte gern zwei Salatköpfe!" Wie geht es Ihnen mit diesem Satz? Vielleicht erkennen Sie nach dem Wiederholen, dass dieser Satz nur ein halber Satz ist. Bei diesem Satz fehlt die Hälfte. Der Satz lässt eine weitere Hälfte erwarten: „Ich hätte gern zwei Salatköpfe, wenn ..." Dieser Satz ergibt mit der Bedingung in der Einkaufssituation keinen Sinn mehr.

Oder sagen Sie statt der ersten Variante den folgenden Satz: „Ich würde gern zwei Salatköpfe nehmen!" Wiederholen Sie bitte auch diesen Satz einmal: „Ich würde gern zwei Salatköpfe nehmen!" Wie geht es Ihnen mit diesem Satz?

Auch bei diesem Satz fehlt der zweite Teil. Auch er müsste eine Bedingung enthalten: „Ich würde gern zwei Salatköpfe nehmen, wenn ... sie frisch wären ... oder ..." Dies meinen Kunden nicht, wenn sie ihre Wünsche auf eine solche Weise formulieren. Auch mit diesem halben Satz laden Sie sich nur das halbe Glück ein.

Der Satz mit dem ‚ich würde gern' hat wenig Kraft. Und er klingt wenig würdevoll. Er sieht meistens auch wenig würdevoll aus. Menschen haben oftmals die Tendenz, bei der Variante mit dem ‚ich würde gern' mit dem Kopf zu wackeln oder ihn nach vorn und hinten zu schieben. Unbewusst wollen sie ihrer Aussage damit Nachdruck geben.

Statt des gewohnheitsmäßigen und häufi
ten ‚würde' in dieser Art von Sätzen gebe ich
Wort ‚Würde' und damit der Würde in der täg
che wieder Raum und schreibe die Würde groß

Ein würdevoller Mensch gebraucht kaum
„Ich würde gern einen Kopfsalat nehmen". E
gerichtet und mit gemessenem Schritt in den
sagt dem Verkäufer klar und freundlich seine W
hat auf der anderen Seite das Wort ‚Würde' ir
sönlichen Sprache. Die Würde bedeutet ihm
spricht er von ihr. Das Wort ‚Würde' fehlt dage
notorischen ‚Ich würde gern'-Sagern oftmals f
ihrem persönlichen Sprachgebrauch.

Es gibt noch weitere Möglichkeiten beim Ei
che Kunden stellen dem Verkäufer eine Frage. I
„Können Sie mir zwei Salatköpfe geben?" Las
diese Frage bitte nochmals auf der Zunge zerg
nen Sie mir zwei Salatköpfe geben?"

Bei genauem Hinhören klingt diese Frage
lich: Warum sollte der Verkäufer, der vor de
fen steht, dies nicht können? Der Kunde ist
nicht bewusst, dass er dem Verkäufer eine Fra
glaubt, er sage klar, dass er zwei Salatköpfe
und hält sich dabei für höflich. Mit diesem s
Muster macht er eine klare Aufforderung und
Wunsch in Frage.

Der Verkäufer weiß bei der Frage „Kön
zwei Salatköpfe geben?" natürlich, was der Ku
Kundin damit sagen will, und er denkt sich
zurecht, wie er heißen müsste, wenn der Kun
Kundin sagen würde, was er oder sie in Wirkli
will, und reicht ihm den Salat. Diese Automa
bei jedem, auch beim Verkäufer, über die Jahre

:n. Er merkt die Belastung nicht, die Sätze die-
ich über Stunden für ihn bedeuten. Er spürt
rleichterung und Entlastung, wenn ein Kunde
ıhlwollend sagt, was er sich wünscht. Er wird
len umso lieber und aufmerksamer bedienen.
nnt schon hier die Wechselwirkung von Spre-
leben.

und klar ist die folgende Variante des Einkau-
geben Sie mir zwei Salatköpfe!" Oder auch:
vieder wundervolle Salate. Bitte geben Sie mir
öpfe!" Klare, kurze, zielorientierte und voll-
ze sind Ausdruck eines klaren Geistes und sie
ı einen klaren Geist.

h immer der Kunde sagt, er schafft sich sein
en, einfach indem er so spricht, wie er eben
ıchmal bringt eine neue Wortwahl ein lustiges
erging es Andrea. Sie wollte gleich nach dem
a Eterna-Seminarbesuch die für sie so gewohn-
ɛ gern'-Sätze neu formulieren.

abarsch mit Sex zu tun hat

rau ging zum Einkaufen in den Fischladen. Sie
u, was sie kaufen wollte, und hatte sich schon
urechtgelegt. Sie nahm sich vor, in den Laden
uten Morgen' zu sagen und dann ganz schlicht
ı ihren Wunsch zu äußern: „Bitte geben Sie
mm Viktoriabarsch!" Bis vor kurzem hätte sie,
ken üblich, einfach gesagt: ‚Ich hätte gern 250
:oriabarsch.'

t den Laden und grüßte die Verkäuferin. Hin-
ein älterer Herr herein, der auch einkaufen

wollte. Nun geschah etwas, was sie nicht eingeplant hatte. Die Verkäuferin fragte sie in gutem Fränkisch: „Was hätten wir denn gern?" Da hörte sie sich sagen: „Ich hätte gern 250 Gramm Viktoriabarsch!" Die Verkäuferin begann damit, den Fisch einzupacken, und der ältere Herr sagte: „Das hätte ich auch gern, auch 250 Gramm Viktoriabarsch!" Die junge Frau war weiterhin bestrebt, ihr neues Lingva Eterna-Wissen anzubringen. Sie wollte wenigstens beim nächsten Satz etwas aus ihrer Sicht sprachlich Wertvolles sagen und nicht wieder nur einem Automatismus folgen. Sie wollte nicht einfach wie immer fragen: „Was kostet das jetzt?" Oder: „Was kriegen sie dafür?" Sie wusste, dass ‚kriegen' sich von ‚Krieg' ableitet. So wollte sie diese Formulierung auch nicht.

Dann hob die Verkäuferin die Tüte mit dem Fisch hoch und reichte sie ihr. In diesem Moment fragte Andrea: „Und was wünschen Sie sich dafür?" ‚Wünschen' fand sie gut. Die Verkäuferin nannte ihr den Preis: 4 Euro und 6. Der ältere Herr hörte dies und sagte laut: „Das wünsche ich mir auch!" Dann wartete er, was die beiden Damen aus seiner Bemerkung machen würden. Nach kurzem Zögern lachten alle drei und die Verkäuferin hatte vergessen, ob sie schon kassiert hatte.

Ich bin sicher, dass der Viktoriabarsch der jungen Frau nach diesem fröhlichen Scherz ganz besonders gut geschmeckt hat.

Wie fragen Sie in einer fremden Stadt nach dem Weg?

Auch dies ist eine Situation aus dem täglichen Leben: Jemand befindet sich in einer fremden Stadt und kennt sein Ziel. Jedoch weiß er nicht, wie er dieses Ziel am besten erreichen kann. So hält er an und fragt einen Passanten nach dem Weg. Im Grunde ist es ein völlig normaler Vorgang, dass ein Fremder einen Einheimischen anspricht und ihn nach dem Weg fragt. Es kommt auf das ‚wie' an. Dieses hat eine Auswirkung auf die Situation selbst. Und gleichzeitig hat das der Formulierung zugrunde liegende Denken und Fühlen eine Wirkung auf das Leben dessen, der da gerade nach dem Weg fragt.

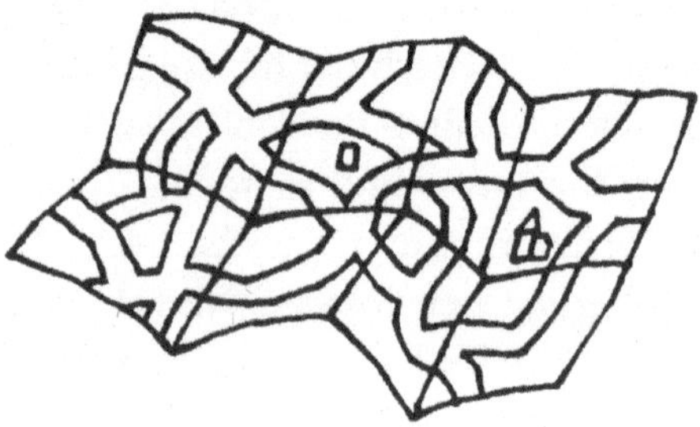

Wie schon bei den vorher genannten Situationen gibt es auch hier zahlreiche mögliche Arten, einen Passanten nach dem Weg zu fragen. Die Formulierungen entspringen der individuellen Gewohnheit und frühen Prägungen. Jeder Mensch fragt in solchen Situationen so gut wie immer auf die gleiche Weise. Ihm ist dies selten bewusst. Und die jeweilige Wirkung seiner Sätze ist ihm noch weniger bewusst. Auch hier lohnt es sich, genau hinzuschauen und hinzuhören.

„Darf ich Sie mal stören. Wo geht es hier bitte hof?" Ich lade Sie ein, dieser Formulierung na und einen Moment in sich hinein zu lausche halblaut: „Darf ich Sie mal stören. Wo geht e zum Bahnhof?" und wiederholen dies noch macht diese Formulierung mit Ihnen?

Das Wort ‚stören' irritiert, ebenso die feh lichkeit einer Antwort auf die Frage. Wer so so, als ob er den Angesprochenen fragen würc stören darf. Er wartet die Antwort jedoch n redet einfach weiter. Er stört wirklich. Dabei m er mit dieser Formulierung höflich sei. Glück weiß der Angesprochene, was der Fragende i keit meint, und wird ihm den Weg zum Bahnh ben.

Wieder andere Menschen sprechen den P und beginnen mit einem „Entschuldigung!" M noch den Satz an: „Darf ich Sie mal stören?" gung ist ein großes Wort. Darin geht es um Wort ‚Entschuldigung' hat seinen Platz, wenn nem anderen einen Schaden zugefügt und il wehgetan hat. Als Floskel ist ‚Entschuldigu Platz und ein zu großes Wort.

Manche Menschen entschuldigen sich anda wenn sie nichts gemacht haben, für das sie sich gen müssten. So machen sie sich klein und ge Signale. Die meisten ‚Entschuldigungen' sind Mit einer neuen, bewusst gewählten Formulier Menschen gerade in solchen Situationen ihr gefühl deutlich anheben und eine wohltuend Ausstrahlung entwickeln. Sie tun gut daran, artige ‚Entschuldigung!' zu wandeln und mit sönlichen Sprachgebrauch neue Wege zu gehe en einfachen Weg gefunden, um nach dem Weg :h spreche einen Passanten an und sage: „Guh bin hier fremd. Darf ich Sie nach dem Weg)f fragen?“ Oder auch: „Guten Tag! – Ich habe ıgen Sie mir bitte, wie ich von hier zum Bahn-“ So nehme ich mit dem Angesprochenen erst t auf und gebe ihm Zeit und Raum, sich auf ;tellen. Danach äußere ich meine Frage oder ısch. Mit diesem achtsamen Umgang mit eiten bekomme ich leicht das, was ich erbitte, nir geben kann und auch geben mag. Gleich:h mit meiner eigenen achtsamen Art achtsame ı mein Leben ein.

nte machen und

tun jedem Men-Gute Worte sa-ı Italienischen 'as bedeutet ‚seg-)en gute Worte eine : Wirkung. Es gibt viele en, gute Worte zu sagen. te gehören mit Sicher-

freundlichen Worten ist es bedeutsam, dass sie ındlich und wohlmeinend sind, ohne jeglichen ıken und berechnende Absicht. Sie wollen auch ıt und ehrlich sein. Wenn dem nicht so ist, dann uf den Sprecher nachteilig zurück.

Vielfach haben Männer und auch Frauen Hemmungen, jemandem Komplimente zu machen. Sie fürchten, dass der oder die Angesprochene meinen könnte, dass sie „etwas" von ihm oder ihr wollen oder dass sie als „schleimig" gelten. Offensichtlich haben etliche Menschen schlechte Erfahrungen mit Komplimenten gemacht und machen darum lieber gar keine mehr.

Kritisieren haben die meisten Menschen gelernt und sie gehen mit der Kritik oftmals freigebig um. Diese ist nicht immer wohlmeinend. Auch das fällt auf denjenigen zurück, der die Kritik übt.

Ehrliche, freundliche Komplimente wollen darum geübt sein. Der mit dem Kompliment Beschenkte kann sie am leichtesten annehmen, wenn er die ehrliche Meinung seines Gesprächspartners deutlich spüren kann. Derjenige, der einem anderen Menschen ein ehrliches Kompliment macht, tut sich dabei selbst etwas Gutes. Er lenkt seinen Blick auf Schönes und Gutes und lädt es damit in sein Leben ein.

Sabine macht der Freundin ein Kompliment

Sabine findet das Kostüm ihrer Freundin Petra elegant und sie will ihr ein Kompliment für das Kostüm machen. Sie kann dies auf vielerlei Weisen machen. Sie kann bei sich anfangen und ihre Meinung äußern: „Ich finde dein Kostüm elegant. Die kräftige Farbe kleidet dich gut. Und den Schnitt finde ich edelklasse." Dabei wird sie ihre Worte mit anerkennender Mimik und Gestik begleiten.

Ich lade Sie ein, dieses Kompliment zweimal langsam und halblaut zu sagen und dabei in sich hinein zu horchen: „Ich finde dein Kostüm elegant. Die kräftige Farbe kleidet dich gut. Und den Schnitt finde ich edelklasse. – Ich finde dein Kostüm elegant. Die kräftige Farbe kleidet dich gut. Und den Schnitt finde ich edelklasse." Wie wirkt dieses Kompliment auf Sie selbst, wenn Sie es auf diese Weise sagen? Was meinen Sie, wie die Angesprochene dieses Kompliment aufnehmen und was sie darauf sagen wird?

Nun machen Sie das gleiche Kompliment bitte auf eine andere Art und Weise: „Du hast aber ein elegantes Kostüm an! Die kräftigen Farben sind ehrlich stark. Und der Schnitt ist echt klasse!" Machen Sie auch mit diesem Kompliment eine Wortprobe und sagen es zweimal halblaut: „Du hast aber ein elegantes Kostüm an! Die kräftigen Farben sind ehrlich stark. Und der Schnitt ist echt klasse! – Du hast aber ein elegantes Kostüm an! Die kräftigen Farben sind ehrlich stark. Und der Schnitt ist echt klasse!"

Wie wirken diese anerkennenden Worte auf Sie? Was meinen Sie, wie die angesprochene Frau diese Sätze aufnehmen und was sie darauf antworten wird? Welches dieser beiden Komplimente sagen oder hören Sie lieber?

Betrachten wir die beiden Komplimente mit dem Blick von Lingva Eterna. Ich lenke Ihre Aufmerksamkeit dabei auf scheinbar unbedeutende, kleine Wörter. Das erste Kompliment enthält klare, kurze Sätze und ist frei von Füllwörtern. Das zweite Kompliment enthält drei Füllwörter: ‚aber', ‚ehrlich' und ‚echt'.

Diese Füllwörter sagen weit mehr, als dem Sprecher und dem Angesprochenen bewusst ist. Auf einer unbewussten Ebene schwingen sie mit und stören die Aussage – hier das Kompliment – erheblich. Sie verwässern und entwerten es. Das ‚aber' schwächt die Aussage und lädt gleichzeitig Petra zum Widerspruch ein. Damit wird es ihr schwer, das Kompliment anzunehmen.

Gleichzeitig haben die Füllwörter eine V Sabine selbst und zeigen etwas von ihr. Sie ka Leben eine wohltuende Wandlung einleiten, w se kleinen Wörter gezielt aufspürt und sie eine anderen wandelt.

Häufiges ‚Aber'-Sagen hat eine weitreichen auf den Angesprochenen und den Sprecher selb heitsmäßige ‚Aber'-Sager haben oder hatten v offene oder latente Bereitschaft, Widerstand zu nähren mit jedem ‚aber' dieses oft hinderliche muster. Das an sich sinnlose ‚aber' in dem gu Kompliment ist möglicherweise ein Überrest a bellischen Zeiten und gibt somit ein falsches S dem so ist, dann lohnt es sich, dieses Signal be sich zu lassen.

Die Füllwörter ‚ehrlich' und ‚echt' soller sein und dem Kompliment Nachdruck geber tieferen Ebene betonen sie das Ehrliche und I betont Sabine bei dieser Variante des Kompli sie ehrlich ist? Ist Ehrlichkeit bei ihr nur eine F

Mit großer Wahrscheinlichkeit wissen Mens sprechen, nicht, dass sie in diesem Moment d sagen. Und doch haben diese Wörter eine eige und sagen ihnen selbst und auch ihrem Gespr mehr von sich selbst, als es ihnen vielleicht r dürfen dahin schauen, warum sie diese Wört Weise gebrauchen, und sie dürfen dafür neue F gen finden.

So sind klare, kurze und einfache Sätze, d zen kommen, die Lösung. Sie tun demjenigen Kompliment macht, und auch demjenigen, der gen darf. Solche Wörter laden weitere Situati denen ein Mensch wieder Gelegenheit hat, K

und zu erhalten. Und wieder werden sie bei-
gut tun. So beginnt eine wohltuende Spirale

te annehmen

nent zu machen ist also im Grunde einfach. Es
:h einiger Übung, und diese wiederum bereitet
n Freude.

Menschen haben noch nicht gelernt, ein Kom-
unehmen. Sie werten es ab oder lehnen es so-
. Ich bleibe bei dem Beispiel von Sabine und
din Petra und dem Kostüm. Petra kann das
t abwerten. Dafür hat sie viele Möglichkeiten.
en: „Ich habe dieses Kostüm schon zehn Jahre.
ganz alt!" Oder sie kann sagen: „Ich habe es
ga geerbt, und so trage ich es eben." Oder auch:
stüm habe ich letzte Woche gekauft. Es war
etzt. Dann habe ich zugeschlagen." So schlägt
u, und zweitens wertet sie das Kompliment ab.
ichtet sie sich selbst, und sie mindert auch das
t, das ihr Sabine gerade geschenkt hat.

wertungen sind zahlreich und leider weit ver-
sage ‚leider', da das Abwehren und Abwerten
Vorten auch immer ein Abwehren und Abwer-
nen Person offenbart und mit der gewohnten
n Formulierung auch weiterhin aktiviert. Hier
lel der gewohnten Ausdrucksweise Not-wen-

e ein Kompliment erhalten, dann dürfen Sie
freuen und sich bedanken und auch Ihrer
em Kostüm Ausdruck geben. Das kann so klin-

gen: „Dankeschön! Das höre ich gerne!" Lächeln oder strahlen Sie Ihren Gesprächspartner einfach an. Diesen Augen-Blick dürfen Sie beide genießen. Wenn Sie mögen, können Sie weiter sagen: „Ich finde das Kostüm auch schick. Ich fühle mich ganz wohl darin." Und dann kann das Gespräch weitergehen, zum Beispiel können Sie von dem Material oder dem Schnitt des Kostüms oder Ihrem liebsten Damenausstatter sprechen.

Stellen Sie sich vor, dass jemand Ihnen zu Ihrer Kleidung ein Kompliment macht und Sie seine freundlichen Worte auf diese oder eine ähnliche Weise annehmen. Wie geht es Ihnen dabei? Welche Wirkung haben diese Sätze auf Sie? Horchen Sie in sich hinein. Wo fühlen Sie einen Nachklang in Ihrem Körper? Sind die Sätze Ihnen unangenehm? Oder tun sie Ihnen gut?

Sabine kann es Petra leicht machen, das Kompliment anzunehmen. Dabei hat die Art und Weise eine große Bedeutung, in der sie ihre Freundin auf ihr Kostüm anspricht.

14. Lingva Eterna-Übung

Üben Sie sich darin, Komplimente zu machen. Wählen Sie jeden Tag einen Menschen im privaten und einen weiteren im beruflichen Bereich, dem Sie ein Kompliment machen.
Damit laden Sie auch Komplimente in Ihr Leben ein. Üben Sie sich, Komplimente anzunehmen. Lassen Sie die Abwertung hinter sich.
Führen Sie vier Wochen lang ein Komplimente-Buch. Schreiben Sie jeden Abend auf, wem Sie ein Kompliment gemacht haben und wie es Ihnen dabei ergangen ist. Sie dürfen sich auch selbst Komplimente machen!

Prüfen Sie nach vier Wochen, mit welchen Augen Sie sich und Ihre Mitmenschen inzwischen sehen. Hat sich etwas gewandelt?
Beobachten Sie, was sich in und nach diesen vier Wochen in Ihrem Leben bewegen wird. Erkennen Sie Ihren Anteil.

Was ein alltäglicher Bericht alles zeigt

Bei Berichten und Darstellungen steht der Inhalt im Vordergrund. Jemand berichtet beispielsweise von einer Reise und erzählt, wie er vom Bahnhof zum Hotel kam. Er benennt vielleicht das Verkehrsmittel, das er wählte, und einzelne Straßen, die er kreuzte oder die er entlangfuhr. Er wird möglicherweise auch einige Einzelheiten nennen, an die er sich genau erinnert. Wenn ihn jemand bittet, seinen Bericht zu wiederholen, dann wird er dies inhaltlich mit Sicherheit tun können. Er wird wieder die Straßen nennen und das Verkehrsmittel, das er benutzte.

Und doch wird dieser Bericht mit Sicherheit anders sein als der erste. Er erinnert sich nämlich nicht daran, ob er bei der ersten Version Passiv- oder Aktivsätze gebrauchte und welche Wörter er genau sagte und wie der Satzbau im Einzelnen war. Und auch bei der zweiten Version wird er sich dieser strukturellen Aspekte der Sprache nicht bewusst sein. Menschen haben dafür kein Erinnerungsvermögen, es sein denn, sie haben gelernt, darauf zu achten.

Bei Lingva Eterna schaffen wir ein Bewusstsein für diese Strukturen und ihre Wirkung. Auf dieser Basis kann jeder und jede lernen, sie auf eine segensreiche Weise einzusetzen und damit Kongruenz und Klarheit im eigenen Denken und Sprechen zu entwickeln.

Bei dem Bericht einer noch so banal erscheine
lung zeigt der Sprecher seinen individuellen
und auch seine individuelle Art, Sätze zu ba
als beim Bestellen im Restaurant, beim Einkauf
Machen oder Annehmen von Komplimenten
weniger auf feststehende Wendungen und
rück und erzählt frei.

So offenbart und bewirkt ein Bericht no
mehr als die bereits betrachteten Situationen.
bietet auch er eine beständige Möglichkeit, mit
pien von Lingva Eterna eigene tiefsitzende De
und damit auch Handlungsstrukturen zu er
wusst aufrechtzuerhalten oder sie auch bei Be
deln.

Ein Bericht kann aus vollständigen, klaren,
zielführenden Sätzen bestehen. Solche Sätze
deutlichen Anfang, eine Mitte und ein Ende. D
Satzende ist durch eine minimale Pause und e
chende Satzmelodie spürbar. Am Ende eines
zes geht die Stimme nach unten. Bei dieser A
melodie hat der Sprecher seine ganze Aufmer
dem Satz, den er gerade sagt. Dies klingt dar
weise so: „Ich kam am Bahnhof an. – Dann g
Informationspunkt. – Dort fragte ich den Serv
ter nach dem Weg zu meinem Hotel." Dab
Sprecher am Satzende jeweils die Stimme und
minimale Pause.

Erlauben Sie sich bitte wieder eine Wortprob
diese Sätze bitte zweimal halblaut und horche
hinein. „Ich kam am Bahnhof an. – Dann gi

spunkt. – Dort fragte ich den Service-Mitarbei-
n Weg zu meinem Hotel. – Ich kam am Bahn-
ann ging ich zum Informationspunkt. – Dort
en Service-Mitarbeiter nach dem Weg zu mei-

tze wollen gefühlt und erlebt sein. Erst wenn
ze in sich nachklingen lassen und in sich hinein
en Sie ihre Wirkung spüren und wählen, ob sie
ehm sind oder nicht. Wie empfinden Sie diese
hen? Bitte merken Sie sich, wie Sie diese Sätze
ick empfinden. Ich werde sie in Kürze noch-
ifen.

figer als diese vollständigen Bogensätze sind
nen Varianten von offenen oder unvollständi-
Als erstes nenne ich die zahlreichen Band-
Sie haben wenig Struktur und nehmen kein
um ein Ende. Sie sprechen ihre eigene Sprache
ine entsprechende Wirkung auf das Leben des
andwurmsätze klingen beispielsweise so: „Ich
nhof an, ähm, dann bin ich zum Informations-
ßt du, ich wollte ja wissen, wo mein Hotel ist,
keine genaue Ahnung, wo das ist, und der
halter, das war ein ganz netter, der sagte mir
ein Hotel ist …"

nochmals zu einer Wortprobe ein. Lesen Sie
Sätze zweimal halblaut: „Ich kam am Bahnhof
n bin ich zum Informationsschalter, weißt du,
wissen, wo mein Hotel ist, ich hatte ja keine
ung, wo das ist, und der Mann am Schalter,
ganz netter, der sagte mir dann, wo mein Hotel
am am Bahnhof an, ähm, dann bin ich zum In-
halter, weißt du, ich wollte ja wissen, wo mein

Hotel ist, ich hatte ja keine genaue Ahnung, wo das ist, und der Mann am Schalter, das war ein ganz netter, der sagte mir dann, wo mein Hotel ist ..."

Horchen Sie in sich hinein. Wie ergeht es Ihnen bei diesen Sätzen? Diese verworrenen Darstellungen sind bei Berichten weit verbreitet. Sie zeigen, wie es im Inneren eines Menschen aussieht.

Bei Berichten höre ich auch vielfach Satzbrüche. Auch sie sprechen ihre eigene Sprache und haben eine entsprechende Wirkung auf den Sprecher selbst und auf sein Umfeld. Hier kann das obige Beispiel so klingen: „Ich kam am Bahnhof an. Dann ging ich zum Informationspunkt, weil, ähm. Ich wusste ja nicht, wo mein Hotel ist. Also habe ich dort gefragt und, ja, die waren dort ganz nett und danach wusste ich, wo ich hin muss."

Machen Sie bitte auch hier eine Wortprobe: „Ich kam am Bahnhof an. Dann ging ich zum Informationspunkt, weil, ähm. Ich wusste ja nicht, wo mein Hotel ist. Also habe ich dort gefragt und, ja, die waren dort ganz nett und danach wusste ich, wo ich hin muss. – Ich kam am Bahnhof an. Dann ging ich zum Informationspunkt, weil, ähm. Ich wusste ja nicht, wo mein Hotel ist. Also habe ich dort gefragt und, ja, die waren dort ganz nett und danach wusste ich, wo ich hin muss."

Wie empfinden Sie die Wirkung dieser Sätze mit den Satzbrüchen? Welches Empfinden lösen sie in Ihnen aus?

Eine weitere gängige Variante bei Berichten ist das weitgehende Weglassen des Subjekts, vor allem des ‚ich'. Diese Art von Sätzen höre ich bei Frauen weit häufiger als bei Männern. Sie gebrauchen oftmals nur im ersten Satz das ‚ich' und lassen es dann im Folgenden weg. So bleiben sie selbst in ihrem eigenen Denken und Sprechen auf der Strecke.

In den Ohren vieler Menschen klingen diese Sätze erschreckend normal und gebräuchlich. Und doch spricht diese Art von Satzbau ebenso wie die in den anderen Berichten der völlig gleichen Begebenheiten eine eigene Sprache. Und sie haben jeweils eine eigene, charakteristische Wirkung auf den Sprecher und sein Umfeld.

Sind Sie nochmals bereit für eine Wortprobe? Dann lesen Sie die beiden folgenden Sätze bitte auch jeweils zweimal halblaut und horchen Sie in sich hinein: „Ich kam am Bahnhof an. Ging dann zum Informationspunkt und fragte dort den Service-Mitarbeiter nach dem Weg zu meinem Hotel. – Ich kam am Bahnhof an. Ging dann zum Informationspunkt und fragte dort den Service-Mitarbeiter nach dem Weg zu meinem Hotel." Merken Sie, ab wann das ‚ich' fehlt?

Hallo Satzmelodie, was machst du?

Nicht nur der Satzbau, auch die Satzmelodie ist von Interesse. Die deutsche Sprache unterscheidet zwischen Fragesatz, Aussagesatz und Aufforderungssatz. Im Bericht hat in erster Linie der Aussagesatz seinen Platz. Bei ihm steht am Satzende ein Punkt. Hier senkt sich die Stimme. Ein großer Teil der Menschen bleibt bei jedem Satzende mit der Stimme oben, bis ihnen nach einigen Sätzen die Luft ausgeht und sie dann die Stimme kurz absenken. Die meisten Sätze bleiben darum ganz wörtlich in der Schwebe.

Das klingt dann so: „Ich kam am Bahnhof an ***. Dann ging ich zum Informationspunkt ***. Dort fragte ich den Service-Mitarbeiter nach dem Weg zu meinem Hotel ***..." Sicher kennen Sie solche Sätze. Sie klingen, als ob noch ein

Nebensatz folgen würde. Das tut er jedoch ir
nen nicht. Stattdessen folgt der nächste Satz.
wieder unten und bleibt am Ende wieder in d
gen. Das geht immer so weiter. Diese Sprecher
nach mehreren Sätzen einen Punkt und senk
me. Auch im Leben kommen sie kaum zur Ruh
sie damit ein.

Ich greife nun nochmals die schlichten, kurzen
von vorhin auf und wiederhole sie: „Ich kam
an. – Dann ging ich zum Informationspunkt. –
ich den Service-Mitarbeiter nach dem Weg
Hotel." Hier geht die Stimme nach jedem Satz
Zwischen den Sätzen sind minimale Pausen. W
ser Bericht jetzt auf Sie?

Nach den so weit verbreiteten Varianten
strukturierten Bandwurmsätzen, abgebrochene
fertigen Sätzen sind diese Sätze wohltuend k
fach. Sie geben eine deutliche Botschaft, und
Angesprochene wird gern hinhören und die B
nehmen. So erleichtern sie die Kommunikatic
ten und beruflichen Alltag.

Gleichzeitig haben sie eine ordnende ur
Wirkung auf den Sprecher selbst. Mit Lingva
chen wir diese Wirkung bewusst und setzen si
Der Sprecher gibt mit seiner Art zu sprechen
dass bei ihm alle Handlungen einen Anfang
und ein Ende haben und dass er Dinge zu E
Erst nach einem Innehalten beginnt er mit der n
lung. So hat er alle Kraft und Aufmerksamkeit
Moment sein Augenmerk liegt. Menschen, d
eines Satzes einen hörbaren Punkt machen, ko
in ihrem Leben auf den Punkt. Sie sind boden

nd bekommen auch im übertragenen Sinn die
ı Boden.
llständigen, klaren und zielorientierten Bogen-
eim Großteil der Bevölkerung selten. Glück-
kann jeder Mann und jede Frau und auch
lernen, solche Sätze zu bilden. Diese gezielte
er persönlichen Sprache nach den Regeln von
ıa hat immer eine weitreichende und heilsame
f das Leben des Sprechers. Heile Sätze haben
ıe Wirkung. Mit ihnen kommt immer etwas in

n in der Konferenz
eißausbruch

ücklich und stolz, dass er inzwischen fast im-
dige Sätze bildete. Er bemerkte zur selben Zeit,
einem Leben so manches wohltuend ordnete,
her keine Lösung gefunden hatte. Nun lenkte
nmerk auf die Satzmelodie. Es gelang ihm mit
en Trick, am Satzende die Stimme zu senken.
sagte er am Ende eines Satzes einfach ‚Punkt'.
er sich selbst daran.
orgens fuhr er wie jeden Tag mit dem Auto zur
diesem Tag hatte er eine kniffelige Konferenz
war angespannt und wusste nicht, wie er dem
osition klar machen konnte. Er wollte sich be-
bemerkte, dass er mit den kurzen Sätzen und
'-Üben zur Ruhe kam. Er sagte beim Fahren:
ırt ein Porsche. Punkt. Die Ampel schaltet auf
Ich bremse. Punkt. Ich sehe eine Kastanie am
. Punkt."

So kam er am Parkplatz seiner Firma an, stellte das Auto ab und ging in sein Büro. Da redete er ganz normal weiter. Er bemerkte voller Freude, dass er seine Satzmelodie recht gut am Satzende absenken konnte.

Und dann kam die Konferenz. Er nahm seinen Platz ein. Endlich kam er an die Reihe. Er erhob seine Stimme und hörte sich sagen: „Der Vertrag ist so nicht haltbar. PUNKT." Vor lauter Schreck schwieg er. Er bekam einen Schweißausbruch und wurde kreidebleich. Da sagte sein Chef: „Herr Schmitt hat Recht. Dem ist nichts hinzuzufügen." Dabei blieb es.

Peter hat mit seinem ‚Punkt' mehr erreicht, als er es in langen Argumentationsketten hätte bewirken können. Und sein Ansehen war mit seiner eindeutigen, klaren Aussage deutlich gestiegen.

15. Lingva Eterna-Übung

Achten Sie bei alltäglichen Berichten und Darstellungen auf vollständige Sätze und die entsprechende Satzmelodie. Senken Sie am Ende Ihrer Aussagesätze die Stimme. Machen Sie dabei in Gedanken einen Punkt und dann eine minimale Pause. Fügen Sie erst nach dieser minimalen Pause den nächsten Satz an.

Machen Sie es sich leicht: Bilden Sie kurze Sätze ohne Nebensätze. Vielleicht kommen Sie sich am Anfang vor wie ein kleines Kind.

Gönnen Sie sich dafür täglich zwei- oder dreimal jeweils zehn Minuten. Sie werden eine Wirkung haben. Ansonsten reden Sie, wie Sie es bislang immer gemacht haben, solange Sie das so wollen.

Seien Sie geduldig mit sich. Mit dieser Korrektur leiten Sie eine sanfte und gleichzeitig kraftvolle Kurskorrektur Ihres Lebens ein: Sie erlauben sich damit Glück, Erfüllung und eine erheblich gesteigerte Wirkungskraft.

Wie danken Sie für ein Geschenk?

Das Auswählen eines geeigneten Geschenks kann dem Schenkenden große Freude bereiten. Er schaut sich um und wählt, was dem oder der zu Beschenkenden Freude bereiten wird. Vielleicht kauft er es oder gestaltet es selbst. Dann wickelt er es ein und freut sich auf den Augenblick, in dem er das Geschenk überreichen wird. Endlich kommt der Moment, in dem der Schenkende sein Geschenk überreicht und der oder die Beschenkte sich gleich bedanken wird. Hier gibt es einige merkwürdige Formulierungen.

Ich stelle mir vor, dass Sie Ihre Nachbarn zu einem runden Geburtstag eingeladen haben und ein Nachbar nach dem anderen kommt. Sie alle wissen, dass Sie gern gärtnern, und bringen Ihnen ein entsprechendes Gesch erhalten von ihnen wunderbare Blumen und E len für Ihren Garten.

Sie können Ihren Nachbarn jetzt auf v Weise danken. Eine übliche Formulierung ist: Das wäre wirklich nicht nötig gewesen! Das i nett! Kommt herein!" Lesen Sie diesen Dank bi halblaut und lassen Sie ihn sich auf der Zung „Oh danke! Das wäre wirklich nicht nötig ge ist furchtbar nett! Kommt herein!" Wie schm Sätze? Wie klingen sie nach?

Diese als Dank gemeinten Sätze werten da ab: Das Geschenk wäre nicht nötig gewesei teren irritiert das Wort ‚nötig' mitten in dem tig' kommt von ‚Not'. Die Äußerung, dass da ‚furchtbar nett' ist, irritiert ebenso. Der Ang hört erst ‚das ist furchtbar'; das ‚nett' kommt weise hinten nach. Diese Wörter gehören of zu dem spontanen Wortschatz des Beschenkter Ausdrucksweise bringt er zum Ausdruck, wa Gleichzeitig hält er mit diesen Formulierunge sitzenden Prägungen und Denkstrukturen aufi

Eine andere Möglichkeit für den Dank ist de: „Oh, das ist ein großes Geschenk! Da habe Unkosten gestürzt!" Ich lade Sie auch hier zu probe ein. Wie klingt dieser Dank in Ihren Ohr che Empfindung löst er bei Ihnen aus?

Dieser Dank klingt eigentümlich. Er benei Linie Unkosten und danach gleich einen Sturz. war der Sturz nicht zu tief. Diese Formulierung dass der Beschenkte das Geschenk nicht wirk men kann oder will und es möglicherweise a empfindet. Dies ist für den Schenkenden eine

ım ging es bei der Auswahl des Geschenks
ım den Beschenkten und die Auswahl des für
:en Geschenks und nicht um die Kosten, die er
iert hat. Hoffentlich kann er damit umgehen,
chenkte sich bei ihm mit diesem Satz bedankt.
vermutlich für höflich. Und dem Beschenkten
, dass er sich die Signale bewusst macht, die er
enden gibt und die gleichzeitig eine nachteili-
auf sein eigenes Leben haben.

Menschen sagen ‚danke' für ein Geschenk und
chenkenden im nächsten Atemzug, wie sie sich
ıchieren" können. Revanche steht im Raum.
3. Sie wollen für das Geschenk einen Ausgleich
1 fragen, wie sie dies tun können.

einem Punkt haben sie Recht: Das Geschenk
Ausgleichs. Geben und Nehmen gehören zu-
e Antwort ist einfach: Der von Herzen kom-
‹ schafft den Ausgleich.

oben genannten Formulierungen erreicht der
Schenkenden nicht, nicht wirklich. Er wirkt
einfach ist der direkte Dank: „Ich danke dir!",
Dank!" Oder: „Dankeschön!" Wählen Sie eine
ie bisher nicht oder nur kaum gebrauchen.
ı Sie den Dank intensiver, als wenn Sie eine für
'ormulierung gebrauchen. Sie könnte leicht zur
hten Floskel werden.

ıl, wenn Sie ‚Danke!' sagen und den Dank von
'zen in jeder Zelle Ihres Körpers fühlen, laden
uationen in Ihr Leben ein, in denen Sie allen
n werden, wieder Dank zu empfinden. Gönnen
Zeit, beim Annehmen des Geschenks wirklich
ıpfinden und ihn zu fühlen. Das dauert einen
: länger, als nur kurz wohlerzogen ‚danke' zu

sagen. Dieser Dank wird den Beschenkten erreichen. Er wird der Ausgleich sein für das Geschenk.

Manche Menschen schauen auf das Geschenk und sagen dann ‚Danke!' Wie machen Sie es? Wo schauen Sie hin? Bitte schauen Sie als erstes den Schenkenden an und nehmen mit ihm Blickkontakt auf. Bedanken Sie sich bei ihm dafür, dass er zu Ihnen kommt und dass er Sie beschenkt. Schauen Sie erst danach auf das Geschenk. Zeigen Sie Ihre Freude und nehmen Sie das Geschenk dankbar an.

Während Sie sich bedanken, geschieht etwas Wundervolles. Ich mag Sie auf das Wort aufmerksam machen und auf seine tiefe Bedeutung. Sie be-danken sich und häufen Dank auf sich. Das heißt: Sie tun sich etwas Gutes. Dank öffnet Türen – auch Türen zu einem tiefen Glück.

Ich wünsche vielen unglücklichen, sehr kritisch eingestellten Menschen, dass sie das Be-Danken für sich finden oder wiederfinden. Die meisten von ihnen haben Übung darin, sich zu beschweren. So haben sie sich über die Jahre beschwert und haben mit der Zeit diverse Beschwerden. Nun darf ihr Leben leicht oder wieder leicht werden. Die echt empfundene Dankbarkeit bringt die Leichtigkeit. Sie ist eine Lebenseinstellung und jeder und jede kann sie lernen.

Der Dank bei großen und kleinen Geschenken ist ein gutes Übungsfeld auf diesem Weg.

16. Lingva Eterna-Übung

Üben Sie sich darin, Dankbarkeit zu entwickeln. Wie bedanken Sie sich bis jetzt für Geschenke? Wie mögen Sie sich beim nächsten Geschenk bedanken?
Machen Sie jede Woche einem Menschen in Ihrem Umfeld ein kleines Geschenk und geben Sie auch anderen Menschen Gelegenheit zum Danken. Seien Sie dankbar, wenn der- oder diejenige das Geschenk annimmt.
Beobachten Sie, was in Ihrem Leben geschieht, wenn Sie Ihre Aufmerksamkeit auf das Danken lenken.

4 Sprache und Leben

Mit Lingva Eterna betrachten wir den individuellen Sprachgebrauch eines Menschen und machen Wechselwirkungen zwischen der Sprache eines Menschen und seinem Leben bewusst. In ihr kommen die Lebensthemen eines Menschen viel häufiger zur Sprache, als dies dem einzelnen bewusst ist. Scheinbar belanglose Floskeln und Standardredewendungen sind bei genauem Hinhören oftmals ebenso verwunderlich wie vielsagend. Gleichzeitig können diese Worte oder Redewendungen der goldene Schlüssel sein, mit dem sie ein bis dahin immer wiederkehrendes Muster ihres Lebens als sprachliches Muster erkennen und auf der sprachlichen Ebene wandeln und damit ausmustern können.

Der individuelle Sprachgebrauch gibt auf der sprachstrukturellen Ebene vielfältige Hinweise auf Zusammenhänge und Hintergründe von Verhaltensweisen und Lebensthemen. Mit diesem Blick gewinnen Wortschatz, Satzbau und Satzmelodie eine neue Bedeutung. Wir achten auf individuelle sprachliche Feinheiten und setzen gemäß den Regeln von Lingva Eterna einzelne sprachliche Aspekte gezielt als Interventionen ein.

Das erste Mal waren mir diese Zusammenhänge und Wechselwirkungen schon Mitte der neunziger Jahre in dem Beratungsgespräch mit Frau Balthasar bewusst geworden. Sie hatte meinen Rat wegen ihrer Mutter erbeten. Dabei hatte sie mehrfach von Steinen, Brocken und Felsen gesprochen. So war ihre dahinter liegende Geschichte mit den Nierensteinen ans Licht gekommen. Nun hatte sie zwar keine Nierensteine mehr. Doch hatte sie nun Steine auf ihrem Lebensweg.

Noch mehr Ehrfurcht vor der Kraft der Sprache

Mit der Zeit und der Erfahrung sind mir tiefe Zusammenhänge von individueller Sprache und Lebensthemen bewusst geworden. Damit ist meine Ehrfurcht vor der Sprache und ihrer Kraft nochmals gewachsen. Ich hörte mit großem Interesse und innerer Anteilnahme, wie einzelne Menschen sprechen, und bemerkte mit einem heiligen Schaudern immer wieder neu eine Wechselwirkung zwischen der individuellen Sprache eines Menschen und seinem persönlichen Erleben.

Mir wurde immer klarer, dass Sprache Wirklichkeit schöpft und was dies im konkreten privaten und beruflichen Alltag für jeden einzelnen Menschen bedeutet. Ich begann, die tiefgründige Wahrheit des viel zitierten Satzes aus dem Johannesevangelium zu ahnen: Im Anfang war das Wort. Diese tiefgreifende Erkenntnis ließ mich das schritt- und wortweise entstehende Konzept Lingva Eterna, die ewige Sprache, nennen.

Ich begann nun damit, einzelne gängige I
tionen und Lebensthemen zu betrachten und
sche Aspekte der Sprache zusammenzutrage
trachtete ich für einzelne Situationen und Fra
den individuellen Gebrauch von Wortschatz,
Satzbau und auch die individuelle Satzmelodi

Daraus ist über die Jahre eine reiche und d
Entsprechungslehre entstanden. Ich mag an
betonen, dass diese Entsprechungslehre diff
und nicht einfach eins zu eins für alle Mensc
dieses oder jenes sagen. So einfach ist es nicht.
individuelle Sprache mit ihren individuellen
gen viel zu komplex.

Ich war von Anfang an sicher, dass ein
Sprechen auch das Denken beeinflusst und da
auf die individuelle Wirklichkeit hat. Und gen
Jeder Mensch kann mit dem Wissen von Ling
sich selbst beginnen und sich mit einem ne
und Sprechen eine neue Wirklichkeit schaffen.
gute Nachricht und ein großes Glück. Schöpf
Möglichkeiten aus!

Bitte bleiben Sie dabei innerhalb der Gr
Könnens! Wenn Sie auf Ihre eigene Sprache ac
dann können Sie mit den bereits dargestellten
ten von Lingva Eterna vieles in Ihrer eigenen S
deln und ordnen. Bitte bleiben Sie bei Ihrer ei
che und Ihrem eigenen Sprachgebrauch! Sollt
damit nicht weiterkommen oder wollen Sie
Begleitung in Anspruch nehmen, so wenden
an uns oder an einen dafür von uns ausgebild
ten. Nur so sind Sie sicher, dass Sie eine profe
gleitung im Sinne von Lingva Eterna bekomm

hen Sie bitte jeglicher Versuchung, den Sprach-
ıderer Menschen deuten oder ändern zu wol-
:n Sie sich selbst, wandeln Sie Ihren eigenen
.uch und erleben Sie die Wirkung!
en gern andere Menschen mit Ihrer Freude
:r neuen, gewandelten Sprache als Vorbild an-

esen warnenden Hinweisen führe ich Sie in
ıde und interessante Kapitel von Sprache und
en.

: die Hetze bewusst hinter sich

ıetzen' kommt von ‚hassen'. Jemand, der gut
l seinen Mitmenschen umgeht, hetzt sich nicht
:ht andere.
:n, die sich hetzen oder glauben, sich hetzen zu
›en einen ganz spezifischen Wortschatz oder
eber: Sprachgebrauch. Das Wort ‚Wortschatz'
ıusdrucksweise meist wenig geeignet.
rter ‚schnell', ‚schnell mal' oder gar ‚schnell
ɡehören fest in ihren Grundwortschatz. Sie
ell mal' zum Einkaufen, hängen ‚schnell' die
fahren ‚schnell' heim und bringen dann viel-
:ll' die Kinder ins Bett. Diese nehmen diese
›zedur nur nicht immer gern hin und haben
:mütliches Zubettgehen in Muße. Sie bringen
ımal durch Trödeln eine Entschleunigung in
· Tun. Traurigerweise endet diese Form der Ent-
g dann oft mit dem Schimpfen der Eltern und
ı der Kinder.

Auch im Berufsleben meinen Menschen oft, dass alles immer schnell gehen müsse. Sie machen alles schnell. Sie gehen schnell auf die Toilette, gehen schnell ins Sekretariat usw. ‚Schnell' ist in der Sprache vieler Menschen ein Füllwort geworden. Es bedeutet nicht wirklich etwas. Und doch sagt es viel und bewirkt viel. Ich mag diesen Sprachgebrauch und seine Wirkung aus dem Blickwinkel von Lingva Eterna beleuchten.

Wer oft ‚schnell' sagt, gebraucht vielfach ein fast reflexartiges ‚muss': Er oder sie muss noch schnell etwas tun. Menschen, die so sprechen, glauben und erleben wirklich, dass sie immerfort ‚schnell müssen'. Die Wörter ‚schnell' und ‚müssen' prägen ihr Denken und Sprechen. Mit ihnen schaffen sie sich beständig eine neue Wirklichkeit. Alles muss bei ihnen schnell gehen. Indem sie diese Wörter oft sagen und auch oft fühlen, schaffen sie sich ihre Welt und erhalten sie täglich neu aufrecht.

Zur Sprache der Gehetzten und Eiligen gehört auch das Wort ‚Stress'. Da haben die Menschen Stress wegen eines großen Auftrags, wegen des Jahresabschlusses und wegen zahlreicher anderer Gründe. Gehetzte Menschen finden immer wieder neue Anlässe, sich gestresst zu fühlen. Sie sagen ‚Stress' und ‚stressig' bei allen möglichen und unmöglichen Gelegenheiten. Wenn Sie sie in der Adventszeit fragen, wie es ihnen geht, dann werden Sie hören: „Wir haben Vorweihnachtsstress, wie jedes Jahr." Vor einer Feier werden sie sagen, dass sie Vorbereitungsstress und Einkaufsstress haben. Sie kennen und fühlen noch viele weitere Stresse, für die Nicht-Gehetzte gar keine Wörter kennen. Eine beliebte Standard-Antwort auf die Frage „Wie geht es dir?" heißt bei ihnen schlicht und ergreifend: „Danke für die Nachfrage. Stressig wie immer!"

So ist das Wort ‚Stress' bei Menschen mit dieser Denkweise selbst in ihren Smalltalk eingedrungen. Schade drum für die Sprecher, denn dieses Wort wirkt wie auch alle anderen Wörter immer. Es erzeugt immer weitere Gelegenheiten, in denen sie reichlich Gelegenheiten haben werden, wieder das Gleiche zu fühlen: Stress. Hoffentlich erkennen sie irgendwann, dass sie selbst die Urheber ihres ganzen Stresses sind. Es gibt noch etliche weitere Wörter und Redewendungen, die zur Sprache der Gehetzten gehören: flitzen, rennen, eilen, rasen, geschwind und andere. Diese Ausdrucksweisen sind ganz individuell und entsprechen den jeweils frühen Prägungen.

Eine weitere häufige Ausdrucksweise ist bei ihnen der Satz: „Ich habe keine Zeit." Wer dies oft sagt, generiert sich damit seinen Zeitmangel selbst. Jeder Mensch hat täglich 24 Stunden. Was der Einzelne daraus macht und wie er sie gestaltet, ist seine Sache.

Interessant ist auch der individuelle Gebrauch des Wortes ‚Zeit'. Diejenigen, die die Zeit nicht haben oder die meinen, dass sie sie nicht haben, gebrauchen das oft hauptsächlich in der Verneinung: Sie „haben Logischerweise haben sie daraufhin keine oder Menschen, die einen anderen Umgang mit ih ben, sagen in den gleichen Momenten andere spielsweise: „Ich bekomme gerade Besuch. D morgen anrufen?" Oder: „Lass uns einen ande den, an dem wir beide Zeit haben."

Hier lässt sich noch vieles sagen. Eine umfassen tung ist beispielsweise der individuelle Gebrauc matikalischen Zeiten in der individuellen Ausc wert. Diese haben nämlich einen großen Einf Gestaltung der Zeit im Alltag und auf das Empfinden von Zeitmaß und Zeitqualität. Dies komplex spielt bei Lingva Eterna eine bedeutsa

Der Rasen und das Rasen können nah beieinander sein

Phillip sprach von seinem Haus und von seir Eine große Bedeutung hatte in seiner Erzählun und das andauernde Mähen dieses Rasens. E über das Moos auf, das den Rasen durchzog immer wegmachen musste. Er war ganz empö

Seine heftige Erregung wirkte auf mich u Das Wort ‚Rasen' klang in seinen Sätzen r fremd. In ihm schwang eine weitere Botschaft ihn, das Wort ‚Rasen' nochmals zu sagen und teres Mal zu wiederholen. Hier wurde deutlic sen' nicht nach dem grünen oder dem vermo klang, sondern nach wildem, schnellen Rasen. I

; sagte, und meinte: „Die andauernde Raserei
,eben bringt mich manchmal zum Rasen." Hier
und stutzte: „Da ist das Wort schon wieder. Ja,
:gt mich auf, nicht der Rasen! Das ist schon seit
Thema!"

rung in dem Wort ‚Rasen' hatte ihm schier die
:inem Garten vergällt. Mit Lingva Eterna fand
g, sich und sein Leben zu entschleunigen und
u beenden. Schon bald regten ihn der Rasen
os nicht mehr auf. Er beschloss, eine Blumen-
ıen zu lassen und sich Mußestunden in seinem
önnen.

e sich Mußestunden?

n mag ich das Wort ‚Muße' ans Herz legen.
ist selten geworden. Es lohnt sich, es abzu-
. ihm wieder seinen Platz im täglichen Sprach-
ı geben. ‚Muße' hat dieselbe etymologische
ie das Maß und auch wie das Müssen. Von
tstamm ist im Wesentlichen das Wort ‚müssen'
ılieben. Das ‚Maß' ist im allgemeinen Sprach-
utlich seltener als das ‚müssen'. Mit dem Wort
:h das rechte Maß vielfach verloren gegangen.
t die Maß mit dem guten Bier. Sie kommt vom
rtstamm.
t nur möglich im angemessenen Wechsel von
Ruhe. Mußestunden waren und sind erholsa-
ischende Stunden zwischen denen der Arbeit.
:in zu einer Wortprobe. Wenn Sie mögen, dann
s Wort ‚Muße' und dann das Wort ‚Mußestun-

den' langsam und halblaut. Sprechen Sie dabei das ,U' bewusst als ein langes, geschlossenes ,U' wie in dem Wort ,Fuß'. Wie empfinden Sie diese beiden Wörter? Welche Empfindungen lösen sie in Ihnen aus?

17. Lingva Eterna-Übung

Achten Sie eine Woche lang darauf, ob und wann Sie die Wörter ‚schnell' und ‚müssen' hören. Sagen Sie sie auch selber?

Schreiben Sie zehn Sätze aus Ihrem Sprachgebrauch auf, in denen Sie ‚muss schnell' oder ‚müssen schnell' selber sagen. Finden Sie Alternativen für diese Sätze!

Beginnen Sie in der kommenden Woche damit, einen Teil der gewohnten Sätze bewusst neu zu formulieren. Konzentrieren Sie sich insgesamt vier Wochen lang auf diese Übung.

Nehmen Sie von Anfang an parallel das Wort Muße in Ihren Sprachgebrauch auf. Finden Sie einige Sätze, in denen dieses Wort für Sie stimmt und Sie es mit gutem Gefühl sagen können. Gebrauchen Sie das Wort aktiv!

Beobachten Sie, welche Wirkung diese gezielte Änderung Ihres Wortschatzes auf Ihr Leben hat.

Gewalt in der Alltagssprache erkennen und wandeln

Gewalt ist weit verbreitet. Sie reicht von Gewalt und Aggression im eigenen privaten oder beruflichen Umfeld bis zu den weltweiten Aggressionen in Form von Terroranschlägen und Kriegen. Aggression kann sich auch im eigenen Körper zeigen in Form von autoimmunaggressiven Erkrankungen. Die Spirale der Gewalt dreht sich weiter.

Viele Menschen leiden an der Gewalt und unter der Gewalt und hoffen darauf, dass die Gewalt irgendwann ein Ende nimmt. Sie sehen sich dieser wachsenden Gewalt und Bedrohung oftmals hilflos ausgeliefert. Auch hier setzen wir Lingva Eterna auf der sprachstrukturellen Ebene an. Wir sensibilisieren Sie für die Gewalt in der Alltagssprache. Diese spiegelt sich im Wortschatz ebenso wider wie in der Grammatik.

Sie werden vieles entdecken, was Sie bislang vielleicht einfach überhört oder unbewusst ausgeblendet haben. Bei genauem Hinhören können so manche Bemerkungen den Hörenden zum Schaudern bringen: Da würgt jemand seinen Gesprächspartner mit freundlicher Stimme am Telefon ab, Eltern hauen am Morgen ihre Kinder au wieder jemand anderes könnte seinem Kolleg würgen, in Firmen müssen manchmal Köpf Büro herrscht bei manchen Menschen der Terr das Telefon wiederholt klingelt und Kunden ar

Es gibt hunderte von Ausdrücken dieser sicher, dass Ihnen die Mords-Gaudi vergehen Sie sich die allgemein übliche, grausame und g Sprache und ihre Wirkung bewusst machen ur lichkeit, die daraus entsteht.

Sprache schafft Wirklichkeit. Sprache kann au keit wandeln. Sie selbst können damit bei sic ginnen und Ihre eigene Sprache nach den Pri Lingva Eterna wandeln. Dies wird eine Ausv Ihr Leben haben und auch auf Ihr Umfeld. Sc Mensch allein durch seinen Sprachgebrauch e für eine friedliche Entwicklung erbringen.

Stellen Sie sich vor, dass Sie noch heute eir gehen und nicht mehr in Angriff nehmen. Füh Vorbereiten und auch beim Tun die unterschie lität der beiden Wörter und auch die Qualität Weise Ihres Tuns. Dies wird eine spürbare Aus Ihr Leben haben.

Das Vokabular der Alltagssprache enthä Bereichen Gewalt und Aggression. Dies ist c Sprechern und auch Hörern nicht bewusst. Sie Sprache so, wie sie üblicherweise ist, und c nichts dabei. Sie kennen die alltäglichen Rat auch die vielen gut gemeinten Vorschläge. Die reichen wohl das Unbewusste. Auf der bewu weiß freilich jeder, dass der Gesprächspartner c nicht schlagen will, auch wenn er das Wort ,

t im Nebeneinander der Möglichkeiten erken-
iren sie, dass sie Empfehlungen und Anregun-
ich lieber annehmen als Vorschläge.

nehmer war nach eigenen Aussagen ein en-
rfechter der gewaltfreien Kommunikation und
und damit. Bei einem Lingva Eterna-Seminar
mit Staunen, wie viel aggressives Vokabular
persönlichen Sprache hatte. Er sagte mit einem
len Augen: „Mir wird schlagartig einiges klar.
ssive und allgemein übliche Redewendungen
r durch den Kopf!" Durch die Reaktion ande-
iehmer wurde er aufmerksam auf seine Aus-
. Dann bemerkte er, was er gesagt hatte. Er
Oh!" und schwieg dann andächtig. Ihm hatte
ihn neue Dimension der Sprache offenbart.

utter hatte viel ‚Schlagen' ache

gression in der Sprache hat, der erzeugt damit
ssion. Dies erlebte Sonja Bauer in der eigenen

wegen ihrer siebenjährigen Tochter Sandra für
ng zu mir gekommen. Ihre Tochter schlug in
auf dem Pausenhof ohne ersichtlichen Grund
ler und war davon durch nichts abzubringen.
indergarten hatten die Erzieherinnen sie als
eschildert. Sonja Bauer war verzweifelt. Da-
sie ihre Tochter als zärtlich und liebesbedürf-
keine anderen Kinder da waren. Sie war das
l.

Sonja Bauer begann ihre Darstellung so: „Ich komme wegen meiner Tochter Sandra zu Ihnen. Sie schlägt auf dem Pausenhof andere Kinder und ist durch nichts davon abzubringen. Ich habe gehört, dass Sie in dieser Thematik beschlagen sind und auch, dass Sie einen völlig neuartigen Ansatz entwickelt haben. Ich wünsche mir von Ihnen Ratschläge und Vorschläge zu meiner Situation. Sagen Sie mir bitte ehrlich, was Sie mir sagen können. Ich bin gerüstet für alles. Übrigens sehe ich auch die Möglichkeit eines Schulwechsels. Ich habe die Montessori-Schule im Visier."

Bis hierher hatte ich von Sonja Bauer schon mehrfach das Wort ‚Schlagen' gehört. Ich wusste auch, dass sie gerüstet war und eine Schule im Visier hatte. Das klang für mich nach mittelalterlichem Schlachtfeld. Im Folgenden gebrauchte sie etliche weitere Wörter aus dem Wortfeld des Schlagens und Kämpfens.

Als erstes fragte ich sie, welche therapeutischen Wege sie bereits mit ihrer Tochter beschritten habe und sprach sie auch gezielt auf Ergotherapie an. Erst danach griff ich die sprachlichen Aspekte auf. Dies nahm etliche Zeit in Anspruch. Ich fragte sie, was sie selbst vom Schlagen halte und ob sie das Wort ‚Schlagen' und Wörter aus diesem Bereich sage. An dieser Stelle hätte sie mich am liebsten mit ihren Blicken durchbohrt und bestand darauf, dass sie Friedenskämpferin sei. Ich fragte sie dann, wie jemand ernsthaft für Frieden kämpfen könne. Das eine widerspreche doch dem anderen.

Dann zeigte ich ihr anhand von Beispielen, welche Wörter das Wort ‚schlagen' beinhalten wie der ‚Vorschlag', der ‚Ratschlag' und ‚beschlagen sein' und lud sie zu Wortproben ein. Nun machte sie voller Engagement mit und war ganz dabei. Wir sammelten miteinander mehr als eine volle Seite von Wörtern aus diesem Bereich und fanden

Alternativen, die sie von nun an stattdessen sagen konnte. Mit ihnen fühlte sie sich wohl und konnte gleichzeitig ganz bewusst das Schlagen hinter sich lassen.

Auf einmal weinte sie und sagte dann in einer tiefen Erkenntnis: „Ich gebrauche diese Wörter mit ‚schlagen' ganz viel. Ich glaube, meine Tochter macht nur, was ich die ganze Zeit sage. Mich hat all die Jahre noch nie jemand auf meine Sprache hingewiesen. Das haut mich jetzt richtig um!" Hier lächelte ich sie an und sagte ihr, dass auch der letzte Satz zu der bereits begonnenen Liste von Wörtern aus dem Bereich des Schlagens gehört.

In den kommenden Wochen wollte sie ihren Wortschatz in neue Bahnen lenken. Dafür bat ich sie um Geduld mit sich selbst. Sie wollte ihre Tochter bitten, ihr dabei zu helfen und sie auf ihre Wörter aufmerksam zu machen, mit denen sie bislang verbal um sich schlug.

Ich war sicher, dass ihr Sprachgebrauch seine Gründe hatte, und ich fragte sie. Dabei kam heraus, dass Sonja Bauer von ihrem Vater viele Schläge bekommen hatte und ein geprügeltes Kind gewesen war. Sie hatte sich geschworen, ihr Kind nie zu schlagen. Jedoch lebte die Energie des Schlagens weiter. Die Mutter gebrauchte entsprechende Wörter in ihrer Sprache. Und die Enkeltochter lernte sie von ihr und gab die Schläge an die Mitschüler weiter, die ihr Opa ihrer Mutter gegeben hatte.

Sonja Bauer konnte diese Spirale der Gewalt mit Lingva Eterna beenden. Sie wandelte gezielt ihre Sprache und konnte mit einer Würdigungsarbeit ihren Vater annehmen. Ihre Tochter war bereit und eifrig dabei, ihre Mutter auf aggressiven Wortschatz aufmerksam zu machen und achtete auch auf ihre eigene Sprache. Sie hatte dafür ein feines Empfinden bekommen. Mutter und Tochter kamen darauf-

hin beide zur Ruhe und auch der Vater war erl
freute sich.

In der Schule hörten sie schon nach wenig
dass die Situation sich deutlich beruhige und S
guten Stand in der Klasse habe. Gott sei Dank!

Krieg und kriegen in der Alltagssprache

Wir erfahren das große Geschenk und die groß
Deutschland schon über sechzig Jahre Friede
Es ist an der Zeit, den Krieg und seine vielfä
wirkungen aus alltäglichen, unbedachten Rede
zu nehmen. Davon gibt es zahlreiche, die im
Sprachgebrauch üblich geworden sind und be
wahre Bedeutung in Vergessenheit geraten i
haben sie eine Wirkung und schaffen Wirklichl

Ich nenne einige davon und stelle sie in ei
schen und alltäglichen Kontext. Ich beginne d
schen Reigen mit dem Wort ‚kriegen'.

Hebammen freuen sich

Das Wort ‚kriegen' leitet sich von dem Substa
ab: Menschen kriegen Geschenke, Kinder, ne
usw. Das Wort ist alltäglicher Grundwortsch
allermeisten Menschen deutscher Mutterspra
jemand macht sich deswegen Gedanken und
Wort hinein.

Ich lade Sie ein, eine Wortprobe mit dem W
zu machen. Fühlen Sie, wie das Wort ‚kriegen' a

e danach einen kurzen Satz mit ‚kriegen'. Sa-
mal: „Ich kriege ein Geschenk. – Ich kriege ein
Horchen Sie in sich hinein. Wie klingt das Wort
:h? Sagen Sie danach zweimal eine Alternati-
omme ein Geschenk. – Ich bekomme ein Ge-
e klingt dieser Satz in Ihnen nach? Empfinden
nterschied? Welche der beiden Varianten ist
?

nen berichten, dass Geburten leichter gehen,
auen ihre Kinder bekommen und nicht mehr
s Kriegen ruft die Verteidigung auf den Plan
Angst und Abwehr. Das Bekommen macht es
leicht, sich zu öffnen und das Kind kommen
ebammen, die dies entdeckt haben, freuen sich.
mit diesem kleinen Hinweis den Gebärenden
rleichtern.

scharfes Geschütz!

ite stehen im Wirtschaftsleben an der Front. Sie
schäftspartner und sind froh, wenn sie zentral
l und nicht ab vom Schuss. Bei kritischen Ver-
sind sie erleichtert, wenn sie aus der Schuss-
iese kriegerische Ausdrucksweise ist nicht auf
iftsleben beschränkt. Wir finden Sie in allen Al-
und in beinahe allen beruflichen und privaten
Dies zeigte eine Situation am Ende eines Kin-
stes. Mehrere Frauen waren beim Aufräumen,
g es darum, die Bänke aus dem Garten wieder
raum zu bringen. Eine der Mütter wollte die
lfe bitten und rief laut: „Männer an die Front!"
ucksweise gehörte dem Erleben nach der Ge-

neration ihrer Großeltern an. Die junge Frau wusste nicht, was sie sagte und welch bedenkliches sprachliches Vorbild sie damit für die Drei- bis Sechsjährigen war.

Die Kindergartenfeier hatte glücklicherweise bei Bombenwetter stattgefunden. Bombenwetter war das Wetter, bei dem die Bomber im Krieg flogen. Bei gutem Wetter hatten sie gute Sicht. Die Bomben haben auch an anderen Stellen noch einen festen Platz in der Sprache: Ein großes Verkehrsflugzeug ist in der Sprache mancher auch nach sechzig Jahren Frieden noch immer ein Bomber. In einem Zimmer oder auf einem Schreibtisch sieht es manchmal so aus, als ob eine Bombe eingeschlagen habe. Manche Vorgesetzte fahren scharfes Geschütz auf. Das Grauen der beiden Weltkriege schwingt in diesen Redewendungen noch immer mit. Es wirkt weiter und schafft immer wieder neue schreckliche Wirklichkeit.

Geben Sie bewusst Frieden!

Es gibt zig weitere Redewendungen dieser Art im allgemeinen Sprachgebrauch. Ich lade Sie ein, in Ihrem eigenen Alltag wach zu sein für diese Ausdrucksweisen. Sie können eine um die andere langsam und in dem Ihnen eigenen Tempo wandeln und neue Formulierungen finden, mit denen Sie sich wohl fühlen. Damit erbringen Sie einen bedeutsamen Beitrag, Frieden werden zu lassen. Es ist genug, wenn Sie dies an Ihrer Stelle tun, welche Funktion und Tätigkeit Sie auch immer haben. Sie werden mehr eigenen Frieden spüren und damit auch Ihrem Umfeld friedvolle Signale geben.

Jeder Mensch kann jederzeit an seiner Stelle Frieden geben. Es lohnt sich, die Formulierung „ich gebe Frieden“

mit neuen Ohren zu hören und sie in einem neuen Bewusstsein zu sagen: Die Redewendung ‚Frieden geben' beschreibt eine Handlung. Dabei strecken Sie die Hand aus und reichen sie zum Frieden.

Frieden geben ist eine edle Handlung. Dabei spielt es keine Rolle, ob der Angesprochene die Hand annimmt. Der Frieden, den ein Mensch von Herzen gibt, wird immer reichlich zu ihm zurückkommen. Vielleicht wird er ihn von einem anderen Menschen bekommen, als er sich dies im Augenblick erhofft. Er wird ihn bekommen. Und dies wird letztlich zu seinem Segen sein.

Bei vielen Menschen klingt die Aufforderung „Gib Frieden!" wie ein Tadel und hat einen aggressiven Unterton. Sie dürfen sich bewusst machen, was sie da gerade sagen.

Anita berichtete von segensreichen Entwicklungen bei sich und in ihrer Familie. Sie hatte bewusst das Kriegen und weiteres Kriegsvokabular aus ihrer Sprache herausgenommen und dafür neue Formulierungen gefunden. Gleichzeitig hatte sie die Redewendung ‚Frieden geben' neu und mit einer neuen Bedeutung in ihre Sprache aufgenommen.

Sie spürte, wie sie gesundete. Ihre Haut kam zur Ruhe und die Allergien ließen nach. Auch in ihrem Umfeld wuchs der Frieden. In ihrer Familie setzten sich wieder Familienmitglieder an einen Tisch, die sich lange aus dem Weg gegangen waren. Und sie selbst konnte einen schon lange bestehenden Zwist mit einer Nachbarin beenden.

Ich bin immer wieder glücklich und dankbar, wenn ich solche Entwicklungen miterleben darf.

Übrigens finde ich es interessant und aufschlussreich, dass Schweizer in ihrer Sprache das Wort ‚kriegen' nicht kennen. Die Schweiz ist ein neutrales Land, und die Schweiz führt keine Kriege.

18. Lingva Eterna-Übung

Gebrauchen Sie einen kriegerischen
Wählen Sie bitte eine Situation aus
ten oder beruflichen Alltag, in dem S
oder eine Redewendung aus dem kriegerischen
brauchen. Finden Sie dafür bitte eine neue Fo
Integrieren Sie diese für vier Wochen in Ihre
Sprache.
Beobachten Sie, welche Wirkung diese Änd
gewohnten Sprachgebrauchs auf sich und au
hat.
Achten Sie bitte gleichzeitig auf das Wort ‚Fried
Sprachgebrauch. Wann und in welchem Konte
es? Finden Sie bitte einige Sätze, in denen Si
‚Frieden', ‚friedlich' und ‚friedvoll' oder ander
dungen mit Frieden in Ihrer Sprache bereits
oder für vier Wochen gebrauchen mögen. Beob
wie es Ihnen in dieser Zeit ergeht und was Si
merken.
Wählen Sie nach diesen vier Wochen, welche W
von beibehalten werden.
Ich wünsche Ihnen weiterhin Humor und Gelass
sen Sie bitte andere Menschen weiterhin so sp
sie es sonst auch getan haben. Machen Sie bitte
Bemerkungen. Achten Sie nur auf Ihre eigene S
ist Abenteuer genug!

eitlichen Beschwerden meldet sich der Körper. nschen sagen dann: Meine Hüfte oder mein : sich wieder. Diese Redewendung ist gängig ;en, dass die Hüfte oder das Knie wieder weht sich, auf diese Signale zu lauschen und sie men. Es ist klug und weise, auf den Körper zu seine Signale wohlwollend aufzugreifen und mit Medikamenten ‚niederzuknüppeln'. Dann örper eine neue Möglichkeit finden, sich zu seine Botschaft kundzutun. Es ist dem Patienchen, dass sein Arzt oder seine Ärztin ihm hier de weiterführende Hinweise gibt.

Leiden finden vielfach ihre Entsprechungen chlichen Ebene. Dies habe ich bereits am Bei- :maligen Nierenpatientin gezeigt.

Natürlich kann auch ein gesunder Mensch achtsam mit seinem persönlichen Sprachgebrauch sein und darauf achten, wie er sprachlich mit seinem Körper umgeht. Sein Körper wird ihm seinen achtsamen, liebevollen Umgang danken.

Auf Dauer wird er sich und seinem Gebiss schaden, wenn er abends ‚auf dem Zahnfleisch' kriecht. Ebenso wenig gesund ist es, wenn er bei Ärger sagt, dass er ‚jetzt so einen dicken Hals bekommt'. Mit solchen unbedachten Äußerungen schaffen sich Menschen Hals- und Schilddrüsenerkrankungen. Wenn er oft ‚die Nase voll hat', dann lädt er damit Schnupfen ein und wird auf diese Weise oft ganz wörtlich die Nase voll haben. Andere sagen häufig: „Ich krieg die Krise!" Auch diese wird bestimmt kommen.

Der allgemein übliche Sprachgebrauch ist voll von krankmachenden Äußerungen wie diesen. Die einzelnen Menschen haben dabei immer ihre persönlichen Favoriten. Sie sagen genau das Gleiche immer und immer wieder. Und irgendwann haben sie damit eine Wirkung, die sie nie wirklich bewusst gewollt haben. Und doch haben sie diese selbst herbeigeredet und gleichsam bestellt.

Daniela meldete sich eines Tages krank. Sie war mit starken Beschwerden zum Zahnarzt gegangen. Dieser hatte bei ihr eine akute Entzündung des Zahnfleisches diagnostiziert und auch einen Zahn ziehen müssen. Daniela blieb an diesem Tag daheim. Am nächsten Tag kam sie wieder und sagte: „Es geht mir soweit schon wieder ganz gut. Ich krieche noch etwas auf dem Zahnfleisch." Wie recht sie doch hatte. An einer Stelle hatte sie ja auch keinen Zahn mehr und das Zahnfleisch war blank. Doch hatte Daniela keinen

Scherz gemacht, auch wenn es vielleicht ein guter Scherz gewesen wäre.

Ihre Chefin hörte interessiert, was ihre Mitarbeiterin sagte, und fragte sie, ob sie ihr wegen ihrer Zahngeschichte etwas von Lingva Eterna erzählen dürfe. Daniela war einverstanden. Ihr wurde in dem nun folgenden Gespräch klar, dass sie bis dahin oft sagte: „Den Zahn werden wir dem oder dem noch ziehen." Und auch: „Ich krieche auf dem Zahnfleisch." Sie erschrak und war gewillt, ihre anderen Zähne zu behalten. So wandelte sie ihre Ausdrucksweise. Danielas Zahngeschichte wurde für sie selbst und auch für ihre Kolleginnen eine einprägsame Erfahrung.

Sie dürfen sich wohl fühlen!

Erlauben Sie sich, sich rundherum wohl zu fühlen. Schaffen Sie die Voraussetzungen dafür, dass Ihnen dies möglich ist. Lenken Sie Ihre Aufmerksamkeit auf die Bereiche Ihres Lebens, in denen Sie sich wohl fühlen. Empfinden Sie dafür Dankbarkeit und fühlen Sie bewusst das Wohl, das Sie dabei fühlen. Schenken Sie diesen Bereichen bewusst Ihre liebevolle Aufmerksamkeit. So nähren und pflegen Sie Ihr Wohlergehen. Diese Blickrichtung lässt Sie nach vorn und zum Licht schauen.

Viele Menschen fühlen sich nicht. Sie haben den Kontakt zu ihren Gefühlen und zu ihrem Körper verloren. Sie fühlen sich nicht, nicht wirklich. Manchmal wirken sie wie abgeschnitten von sich selbst. Ihr Körper fordert dann ihre Aufmerksamkeit ein. Einschränkungen und Schmerzen lassen sie ihren Körper wieder spüren.

In diesen Augenblicken fühlen Sie sich so deutlich und klar, wie vielleicht schon lange nicht mehr. Und doch sa-

gen sie genau dann, wenn sie sich fühlen: „Ich
schlecht!"

Auf die Frage: „Wie fühlen Sie sich?" an
meisten Menschen: „Gut!" Ich wünsche ihnen,
wirklich fühlen und dass sie sich dabei gut f
Menschen fühlen sich nicht und müssten bei
ehrlicherweise sagen: „Ich fühle mich gar nicht

Sie dürfen wieder lernen, ihre Gefühle,
und ihren Körper wahrzunehmen und auf si
Wer sich gut fühlt und achtsam auf sich selbst
fühlt sich auch gut.

Gehören die Wörter ‚Wohlfühlen', ‚Wohlerge
befinden', ‚Wohlfühlatmosphäre' und andere
‚Wohl' schon in Ihren Sprachgebrauch? Ich l
diese Wörter in Ihre persönliche Sprache ur
Ihr Denken zu integrieren. Sie können die hei
durch eine bewusste Artikulation erheblich ste

Lassen Sie es sich wohl ergehen!

Vom Suchen und Finden

Das Suchen ist im allgemeinen Sprachgebrau
breitet. Zahlreiche Redewendungen und Wör
ten das Wort ‚suchen'. Bei vielen von ihnen ist
ten Sprechern, Hörern und Lesern nicht bewu
gerade das Wort ‚suchen' oder eine seiner Abl
brauchen. Und doch hat dies eine Auswirk
selbst und auf ihr Umfeld. Und es zeigt etwa
und ihrer Prägung. Beides ist bedeutsam.

Wer oft und oft ‚suchen' denkt und sagt, c
wird sich mit der Zeit als Suchender fühlen u

Bei manchen Menschen wird das Suchen zur
es Lebens. Sie sind immerfort auf der Suche
und suchen. Das Suchen ist für sie ein bestän-
es Lebens geworden. Sie wären erstaunt, wenn
nal ankämen und auf das Suchen ein Finden
e.

n haben das Wort ‚suchen' und seine Ableitun-
esten Platz in der Sprache. Sie gebrauchen es
er, meistens ohne sich dessen bewusst zu sein.
elt sich ihr Suchen wider. Gleichzeitig reakti-
it ihrem Sprachgebrauch ihr Such-Muster und
n mit Suchen, die sie bereits gemacht haben. So
h immer wieder neue Erfahrungen mit Suchen
se Weise werden sie nur mit größter Anstren-
ar nicht aus dem Suchen herauskommen.

Suchen kann zu einer Sucht werden. Es gibt
hte: die Nikotinsucht, den Alkoholismus, den
nus, die Kritiksucht, die Prunksucht, die Ge-

fallsucht, die Eifersucht und weitere Süchte. Auch das Suchen nach sich selbst kann zu einer Sucht werden. Manche Menschen bleiben dabei im Suchen hängen und finden den heiß ersehnten Schlüssel nicht, der ihnen das verschlossene Tor zu sich selbst und zum Mitmenschen öffnet.

Mit Lingva Eterna machen wir auch hier die Wechselwirkung von gewohntem Sprachgebrauch und Lebensthema bewusst. Das Wort ‚suchen' wird hier zum Schlüssel und eröffnet den Weg zum Finden und Ankommen.

Ein Blick auf die Herkunft des Wortes macht seine ursprüngliche Bedeutung klar. Im Indogermanischen bedeutete es ‚witternd nachspüren', so wie es der Jagdhund macht, der eine Fährte aufnimmt. Auch das damit verwandte englische Wort ‚to seek', ‚suchen' bedeutete ursprünglich ‚suchend nachgehen, nachspüren'.

Ein Suchen mit einer klar definierten Aufgabe ist zielführend und damit erstrebenswert. Menschen, die klare Ziele haben und diese konsequent anstreben, nehmen eine Spur auf und gehen ihr nach. Sie sind gleichsam Jagdhunde, die eine Fährte aufnehmen und der Witterung folgen. Menschen mit dieser Handlungsweise sind nicht beständig auf der Suche. Sie erlauben sich auch das Finden. Das Wort ‚suchen' ist in ihrer Alltagssprache weit seltener als bei den chronisch Suchenden. Sie sprechen eher davon, wie sie eine Lösung in einer bestimmten Angelegenheit finden können, als dass sie eine Lösung suchen.

Bettina suchte eine neue Wohnung

Bettina hatte vor einigen Monaten eine neue Nachbarin bekommen. Sie war Musiklehrerin und spielte jeden Tag Klavier. Das störte Bettina erheblich, und so wollte sie ausziehen. Sie ärgerte sich, dass sie sich schon wieder auf die Suche nach einer neuen Wohnung machen musste. Erst vor zwei Jahren war sie aus einem ähnlichen Grund aus einer anderen Wohnung ausgezogen. Und dummerweise, so sagte sie, machte ihr Auto Schwierigkeiten. Sie wollte es verkaufen und ein neues kaufen. Da musste sie sich auch auf die Suche machen. So sagte sie es.

Das Suchen schien zu ihr zu gehören. Sie hatte viel Suchen in ihrer Sprache. Einige Formulierungen mit Suchen äußerte sie in unserem Gespräch bereits in den ersten drei Sätzen. Ich griff sie auf und machte sie darauf aufmerksam. Ich bat sie erst, das Wort ‚suchen' zweimal halblaut und langsam zu sagen und dabei in sich hineinzuhören. Sie sagte, ihrem Muster entsprechend: „Gut. Ich versuch's." Dann begann sie mit der Wortprobe: „Suchen – suchen."

Nach dem dritten Mal atmete sie tief durch und fand es schrecklich. Es erinnerte sie an ihr fortwährendes Suchen. Ihr war klar, dass sie dieses Wort viele Male an einem Tag sagt, ja dass es zu ihrem Grundwortschatz gehört. Ich bat sie, mir drei Sätze zu nennen, die ihr spontan mit ‚suchen' in den Sinn kommen. Sie antwortete, auch hier ihrem Muster entsprechend: „Da brauche ich nicht lange zu suchen." Mein Ziel war, ihr diese Sätze bewusst zu machen und ihr dafür Alternativen für konkrete Situationen aus ihrem Leben anzubieten. So konnte sie diese in den entsprechenden Situationen gleich einsetzen.

Bettina spürte selbst, dass sie gerade mit Lingva Eterna einen mächtigen und wirkungsvollen Schlüssel gefunden hatte, ihr Suchen zu beenden und sich endlich und Ankommen zu erlauben. Mit dem sprach ter konnte sie ein tiefsitzendes Handlungsmus und so ihrem Leben eine heilsame Wende gebe

Mit großer Freude und großem Ernst ma daran, Sätze aus ihrem Sprachgebrauch zu fi nen das Wort ‚suchen' vorkam: „Bitte hilf Schlüssel zu suchen! Ich suche eine neue Wohn che ein Auto. Ich suche den Weg. Ich suche . dauernd!"

Ich bat sie, den ersten Satz zu wiederholen sich wirken zu lassen. Sie sagte: „Bitte hilf Schlüssel zu suchen! Bitte hilf mir, meinen S suchen." Sie empfand ihn als normal und sc fragend an. Sie konnte sich nicht vorstellen, w führen würde.

Dann fragte ich sie: „Wollen Sie, dass der a hilft, den Schlüssel zu suchen oder zu finden?' „Natürlich wünsche ich mir, dass er ihn find können Sie ihn auch bitten: ‚Bitte hilf mir, mei sel zu finden!'" Sie lachte und wiederholte zweimal. Sie lachte und lachte, bis ihr die Trä Augen rollten vor Lachen. „Das Wort ‚finden' neu. Das ist ja so einfach!" Und sie lachte weit sich den Bauch.

Sie erlebte eine Erlösung und fand Spaß ar neuen wie einfachen Formulierung. Sie wollte anderen Sätze eine neue Variante kennen lerne ich sie ein, den nächsten Satz zu wiederholen eine neue Wohnung." Auch diesen Satz sagte und horchte in sich hinein. Da war wieder Sie probierte gleich die Variante mit dem Fi stimmte sie hier nicht. „Machen Sie es sich lei sehen Sie sich nach einer neuen Wohnung um. interessiert in alle Richtungen und sehen sich e Lösung ist oftmals ganz nah." Dann lächelte d ergänzte: „Seien Sie einfach umsichtig! ‚Um- umsichtig' gehören zusammen. Sie haben die zel."

e Weise betrachteten wir weitere Sätze aus ih- en privaten und beruflichen Alltag und fanden ı. So hatte sie gleich einige Sätze für mehrere parat, die sie in den entsprechenden Situatio- einsetzen konnte. Und damit hatte sie ein Geländer an der Hand, mit dem sie das Mus- nischen Suchens auf der sprachlichen Ebene konnte. So begann sie, von Grund auf ihr Lebensmuster des Suchens zu wandeln. Nun Finden und dem Ankommen auch in ihrem ı.

etrachteten wir Zusammensetzungen mit dem ı'. Auch hier wurden wir fündig. Bettina nickte 'ort, das ich ihr nannte. Sie meinte, dass ich ihr ı gesammelten Wortschatz nenne: etwas ver- anden besuchen, jemanden aufsuchen, etwas was aussuchen, eine Untersuchung, das Weite noch weitere Redewendungen. Sie erkannte wirkung ihres sprachlichen Musters und ihres ers und war tief berührt.

ieg eine Weile. Dann fragte sie fast ratlos: „Ich erin. Zu mir kommen Kunden, die sich etwas wollen. Ich sage ihnen dann, dass sie sich ıussuchen können. Das sage ich viele Male an etzt wird mir die Wirkung bewusst. Und die t mehr. Ja, was kann ich denn sagen statt ‚aus-

Ich bot ihr eine Alternative für den Umgang mir ihren Kunden an: „Sie dürfen gerne etwas auswählen." Das war für sie eine weitere Erkenntnis: „Wählen statt suchen. So leicht kann das Leben sein!" Sie lachte und strahlte.

Wie finden Sie sich?

Ja, wie finden Sie sich? Diese Redewendung enthält das Finden. Wie können Sie sich finden?

Finden ist erst dann möglich, wenn wir bereit sind, etwas zu sehen und hinzuschauen. Solange wir mit unseren Gedanken abschweifen und gedanklich in die Fremde gehen, entgehen uns viele kostbare Dinge und Begebenheiten, die auf unserem Weg liegen und über die wir achtlos hinweggehen.

So können Sie das Kostbare in sich selbst sehen, wenn Sie bereit sind, es anzusehen und anzunehmen. Jeder Mensch trägt in seinem Innersten einen Diamanten, einen glänzenden Gottesfunken. Erlauben Sie sich, ihn sichtbar zu machen. Erlauben Sie sich, ihn freizulegen und ihn zum Strahlen zu bringen.

Bevor wir das Schöne im anderen finden können, dürfen wir das Schöne in uns selbst erkennen. Sobald der Hass gegangen ist, wird das Schöne sichtbar. Hass macht hässlich. Lieben macht schön.

Sobald ein Mensch den Diamanten in sich gefunden hat und damit beginnt, ihn zum Strahlen zu bringen, kann er den Diamanten auch im anderen sehen, auch wenn der andere ihn noch nicht entdeckt hat.

Diese innere Einstellung begünstigt das eigene Wachstum und auch das des anderen. Das, was wir in uns und im anderen erkennen und wertschätzen, wird wachsen.

So weist die Sprache den Weg. Die Redewendung ,Wie findest du die neue Kollegin?' lädt uns ein, in uns und im anderen etwas zu finden, was noch nicht sichtbar ist. Wir hören nur mit dem Herzen gut.

19. Lingva Eterna-Übung

Wie oft gebrauchen Sie das Wort ,suchen'?
Wählen Sie fünf Sätze aus Ihrem Alltag, die das Wort ,suchen' oder eine seiner Ableitungen enthalten. Schöpfen Sie aus dem Reichtum der deutschen Sprache und finden Sie jeweils eine mögliche Alternative für diese Ausdrucksweise.
Achten Sie vier Wochen auf diese Sätze und lassen Sie das übertriebene Suchen hinter sich.
Geben Sie dem Wort ,finden' bewusst Raum.
Beobachten Sie, welche Auswirkung diese beiden Korrekturen auf Ihr Leben haben.

Die Sitzordnung am Tisch erleichtert das Ankommen

Die feste Sitzordnung am Tisch ist ein stummes und täglich wiederkehrendes Signal. Jedes Familienmitglied kennt seinen Platz und weiß, wo er hin gehört. Die feste Sitzordnung gibt Halt und Orientierung und ist segensreich. Das Suchen kann aufhören. Damit wird Energie frei, die vorher gebunden war.

Jedes Familienmitglied hat einen festen Sitzplatz. Die Reihenfolge der Sitzplätze folgt dem Rang. Wenn der Rang geklärt ist, kehrt Ruhe und Frieden ein. Rangeleien können aufhören. Ungeklärte familiäre Strukturen ha lebenslanges Suchen nach etwas Unbewusster

Den höchsten Rang haben die Großeltern. I die Eltern und diesen die Kinder, dem Alter na geborene Kind hat einen höheren Rang als das rene und dieses als das Drittgeborene. In die folge sitzt die Familie am Tisch. Die Reihenfol plätze folgt dem Uhrzeigersinn.

Der Großvater macht den Anfang. Links v die Großmutter. Wenn beide Großelternpaare d sitzen die zwei Paare nebeneinander. Die Elterr sitzen links von den Eltern des Vaters. Als näch der Vater und links von ihm die Mutter.

Links von der Mutter sitzen die Kinder den Das erstgeborene Kind macht den Anfang bei d Ihm folgen die anderen Kinder. Bei Zwilling ältere rechts und der jüngere links von ihm. Kind sitzt damit am nächsten zu den Groß wenn diese nicht da sind, beim Vater. So hat Ordnung.

Bei alleinerziehenden Müttern ist es von gr tung, dass die Kinder links von ihr sitzen u den Anfang macht und führt. Ein Kind, das re sitzt, nimmt den Platz des Vaters ein. Dann er manchmal, dass diese Kinder erziehungs- ur resistent sind. Sie sind schlichtweg auf dem fa und werden noch lange in ihrem Leben such wissen, was sie in Wirklichkeit genau suchen.

Für die Sitzordnung am Tisch gebe ich Ihnen weiteren bedeutsamen Hinweis. Die Reihenfc sennehmens ist auch wesentlich. Die Großelter Ihnen folgen die Eltern und ihnen die Kinder

dern beginnt und reicht die Schüssel weiter an
ngere.

eine Kinder mit am Tisch sitzen, die noch nicht
essen können, dann drehe ich die Sitzordnung
ıgste Kind sitzt dann neben der Mutter, dem
chstältere usw. Die Reihenfolge des Essenneh-
wie vorher. Eltern können das Essen für das
d schon gleich auf den Teller geben, damit es
kann. Ich empfehle Eltern, dass sie den Teller
en lassen und ihn dem Kind hinstellen, wenn
ihe ist.

en Kinder von klein auf, wo ihr Platz ist. Sie
Erwachsene ihren Platz auch im Leben finden
ommen, wo sie hingehören. Dies ist eine gute
ng dafür, dass sie auch später zur rechten Zeit
Ort mit den richtigen Menschen sein können.
n Eltern tut diese Erfahrung gut. Dieses Sich-
m Kleinen begünstigt ein Sich-Einordnen und
en im Großen.

Sie ermutigen, die Sitzordnung in der angege-
e für mehrere Wochen zu erproben. Erlauben
ür Zeit. Es kann sein, dass alle Familienmit-
h einverstanden sind. Es kann auch sein, dass
ıngs Widerstand leistet. Das ist meist jemand,
einen ranghöheren Platz innehatte, der ihm
rt. Bleiben Sie dabei und erleben Sie selbst die
irkung.

be dankbar und staunend, wie weitreichend
ı das Wissen um den festen Platz in der eige-
ist. Dies geht bis hin zu einer größeren Sicher-
Rechtschreibung und beim Rechnen. Kinder,
ssen, wo ihr Platz in der Familie ist, wissen oft
er rechte Platz für einen Buchstaben ist oder

welchen Stellenwert eine Zahl hat. Entdecken Sie selbst, was es mit diesem scheinbar kleinen Hinweis alles auf sich hat.

Ringen oder Rang?

Der richtige Platz am Esstisch ist ein wesentliches Signal an sich selbst und auch an die anderen Familienmitglieder. Er dient der Klärung der eigenen Position und der der anderen Familienmitglieder. Damit wird auch der Rang klar und für alle sichtbar.

Viele Menschen haben mit dem Wort ‚Rang' Schwierigkeiten. Sie lehnen es ab, ohne so recht zu wissen, warum. Mit Lingva Eterna wird die Ursache klar. Wenn ich diese Menschen bitte, das Wort ‚Rang' zu sagen und es noch ein zweites Mal zu wiederholen, dann klärt sich die Ursache. Bei ihnen schwingt eine andere Bedeutung mit als die des Ranges in einer Familie oder in einem Betrieb.

Bei ihnen klingt das Wort nach der Vergangenheitsform von ‚ringen'. So ist es klar, dass das Wort ‚Rang' für sie belastend ist. Dies kann das Ringen um Anerkennung sein oder auch das Ringen um Luft.

Peter sagte mir, dass er nun einen völlig neuen Zugang zu seinem Asthma gewonnen habe, an dem er seit seiner Kindheit leidet. Sein Rang in der Familie war lange ungeklärt. Nun konnte er weitreichende Zusammenhänge sehen. Er erkannte, dass er dieses Wort bislang nur im Sinn von ‚um etwas ringen' gebraucht hat, und dies häufig. Er erkannte auch die Auswirkung: Er musste bislang oft und immer wieder um etwas ringen. Oftmals hatte er das Gefühl gehabt, dass ihm im wahrsten Sinne des Wortes beruflich die Puste ausging. Dies änderte sich in der Folgezeit.

Er entschloss sich, dem Rang in seiner Sprache und in seinem Denken Raum zu geben. Er nahm den ‚Vorrang' in seine Sprache auf. Von nun an sagte er, dass eine Tätigkeit für ihn Vorrang hat. Bisher hatte er von ‚der höchsten Dringlichkeitsstufe' oder auch von ‚der allerhöchsten Dringlichkeitsstufe' gesprochen.

Gleichzeitig führte er in seiner Familie nach einer Klärung mit seiner Frau die oben beschriebene Sitzordnung ein. Sie erlebten miteinander, wie vieles in der Familie in Bewegung kam und sich auf wundersame Weise ordnete und fügte.

Hildegard hatte keine Ahnung

Hildegard hatte Sorgen wegen ihres 16-jährigen Sohnes Fabian. Sie berichtete, dass er in der Schule schlecht sei. Er lernte daheim fleißig und doch schrieb er in der Schule schlechte Noten. Das machte ihn abwechselnd wütend und verzweifelt. Auch Nachhilfestunden änderten an der Situation nichts dauerhaft.

Ich hatte Hildegard in einem ersten Gespräch einige Fragen gestellt und sie gebeten, auf bestimmte Einzelheiten zu achten. Beim nächsten Gespräch sollte sie davon berichten. Als ich sie auf meine Fragen von der letzten Stunde ansprach, sagte sie: „Ich habe keine Ahnung. Mir ist nichts eingefallen ..." Ich merkte mir diesen Satz. Er erwies sich später als wertvoller Schlüssel.

Im Hintergrund gab es eine verworrene Familiengeschichte. Hildegards Mutter hat ihren Vater kaum gekannt. Er war im Krieg gefallen, als sie ein kleines Mädchen war. Hildegards Mutter nahm daraufhin einen zweiten Mann und stellte ihn ihrer Tochter als Papa vor. Von dem leiblichen Vater war nicht mehr die Rede. Es gab n zweiten Mann. Er galt als der Papa.

Hildegard wuchs in dem Glauben auf, Mann ihr Opa war. Sie hatte den Kontakt zu c Ahn nicht herstellen können. Sie wusste gar ihm. So hatte sie ganz wörtlich ‚keine rechte Al

Ich folgte auch bei dieser Beratung den Pri Lingva Eterna. Durch die Art, wie Hildegard kannte ich, dass das Wort ‚keine Ahnung' ein S ihre Geschichte und für die ihres Sohnes Fabiaı te. Den zweiten Schlüssel gab der Satz „Mir is gefallen". Auch bei diesem Satz schwang eine schaft mit. Ich fragte sie, ob jemand in der Fam sei. Sie verneinte erst die Frage. Doch dann sa ihr wahrer Opa im Krieg gefallen sei, als ihre 1 Jahre alt war. Dies war ihr jetzt wieder ‚eingefa

Sie sagte mir dann, dass ihr Sohn Fabian für seine Ahnen interessiere und immer wie stellte. Sie war noch nie auf die Idee gekomm seinem wahren Uropa zu erzählen. Sie hatte ke – so sagte sie – dass dieser Mann für den U Bedeutung sein könnte. Sie meinte, dass Fabia nicht einmal kenne.

Hier täuschte sie sich. Die Seele kennt jec Familie gehört, und will einen jeden geachtet lang hatte sie Fabian gesagt, für Ahnenforschu genug Zeit, wenn er seine Fünfer aus dem Ze Er solle erst einmal das Wichtige tun.

Nun erwies sich, dass Fabian mit seinem Fragen Recht hatte. Hier war der Schlüssel, Leben und auch dem seiner Mutter eine Wer Ausdrucksweise der Mutter hatte mir den We Ich bat Hildegard, Fabian von seinem Uropa

its achtsam zu sein mit der Redewendung ng'. Sie hatte ihre Ahnung jetzt wieder gewon- bliche Opa war für sie von nun an der Opa ler zweite Mann ihrer Großmutter der Opa

ter befolgte meine Empfehlung und erzählte seinem Uropa Ernst. Und sie bat ihn, ihr zu Redewendung ‚keine Ahnung' hinter sich zu in zeigte lebhaftes Interesse, fand seine Wur- n damit in seine Kraft.

zwanghaft zerstreut

chichte ist keine Ausnahme. Auch bei Tobias nit Lingva Eterna der Familie nach jahrelan- den Weg zur Lösung zeigen.

rger rief mich an und erbat Rat wegen ihres 18- nes Tobias. Sie hatte ihn wegen seiner Schul- iten schon seit Jahren immer wieder neuen ı vorgestellt. Seine Konzentrationsstörungen rer Sicht das Hauptproblem. Sie schilderte ih- t den Worten: „Tobias ist zwanghaft zerstreut." ihrer Schilderung noch eine Weile und griff 'ormulierung auf. Mir erschien diese Wendung -Jährigen merkwürdig. Ich stellte der Mutter n.

ım heraus, dass ihre Mutter als kleines Mäd- rer Familie aus Schlesien fliehen musste und nilie in zwei Flüchtlingstrecks geteilt wurde. zwanghaft zerstreut und fanden sich erst Mo- vieder. Der Enkel lebte diese Energie noch und ıf einer anderen Ebene, nämlich auf der der

Konzentration. Beim sprachlichen Benennen des Störungsbildes wurde der Zusammenhang hörbar.

Weitere Fragen ergaben, dass Tobias ein lebhaftes Interesse für Schlesien und die Heimat seiner Großmutter und seiner Urgroßeltern hatte. Niemand aus der Familie hatte sich mit diesem Thema befassen wollen, und so hatte der Enkel bis zu diesem Zeitpunkt keinerlei weiterführende Antworten erhalten. Er hatte nicht einmal gewusst, dass die Familie zwanghaft zerstreut worden war. Die Familie wollte diese Gräuel nicht noch einmal aufleben lassen.

Ich begleitete die Mutter dabei, sich nach langen Jahren wieder mit Schlesien zu befassen und so die Heimat wieder in die Erinnerung zu holen und natürlich dem Sohn davon zu erzählen. Ich ermunterte sie, sich mit schlesischem Brauchtum zu befassen und in Erfahrung zu bringen, wie das Haus ausgesehen hatte, in dem die Familie in Schlesien gewohnt hatte, und wie der Garten ausgesehen hatte. Karin Bürger war erleichtert, dass sie auch Schönes erzählen durfte. Auf diese Idee war sie noch nicht gekommen. So wuchs in ihr das Interesse, selbst einmal dorthin zu fahren und sich auf die Spuren der Ahnen zu begeben. Sie sagte mir, dass es noch einen alten Onkel gebe, der in Schlesien die ersten Jahre seiner Kindheit erlebt hat. Seit dem Tod der Mutter hatten sie den Kontakt zu ihm gemieden, da er immer nur von Schlesien erzählen wollte. Das wollte sie nun eilig ändern und gleich mit ihm Kontakt aufnehmen.

Tobias interessierte sich lebhaft für den Großonkel und seine Erzählungen von Schlesien. Als er endlich wusste, wo seine Wurzeln sind, und er von der Heimat und dem Schicksal seiner Oma erfahren hatte, konnte er endlich damit aufhören, stellvertretend ‚zwanghaft zerstreut' zu sein. So kam er in seine Kraft und blühte auf.

Das Störungsbild des Enkels und die merkwürdige Ausdrucksweise der Mutter hatten hörbar gemacht, um was es hier in der Tiefe ging. Von da aus war das weitere Stärken und Entfalten der Kräfte mit Lingva Eterna einfach.

Voller Name – volle Kraft

Vornamen sind ein Kapitel für sich. Und sie sind ein Kapitel für sich wert. Bei unseren Lingva Eterna-Seminaren erleben wir hier immer wieder Überraschungen. Je nach dem äußeren Rahmen schätze ich es, die Seminarteilnehmer per Sie und beim Vornamen anzusprechen. So sehe

und höre ich, wie sich die einzelnen Seminarteilnehmer vorstellen. Die meisten Teilnehmer und Teilnehmerinnen sagen ihren vollen Vornamen, zumindest in dieser Runde. Im Freundeskreis und auch in der Arbeitssituation ist dies oft anders.

Andere Seminarteilnehmer kürzen ihren V(
Sie sind die Gabi, der Uli, der Andi, der Pitti, d
Für die Abkürzungen gibt es die unterschied
gründungen. Die einen finden ihren Vorname
hässlich und sind ihren Eltern dafür noch heu
dere sagen, dass noch niemand sie jemals and
habe als bei ihrem abgekürzten Vornamen u
noch nie darüber nachgedacht hätten.

Wieder andere stellen sich mit einem Voı
den sie in Wahrheit gar nicht haben. Den ha
ausgedacht, weil sie den hässlich finden, den
ihnen gegeben haben, oder weil die Mutter,
Oma auch so heißt und so weiter. Etwas gänz
sind die Namen, die Ordensleute tragen. Diese
eigene und kostbare Geschichte.

Die Wahrheit ist in meinen Augen, dass jec
genau den richtigen Vornamen hat. Unsere E
ihn für uns ausgewählt und ihn uns gegeben.
schen sich gegen ihren Vornamen wehren, dа
meistens mit ihren Eltern noch nicht im Reinen
erst dann ihre Talente zum Blühen und zur v(
tung bringen, wenn sie ihre Eltern so annehr
sind.

Von ihnen haben sie ihr Leben bekomm(
Talente geerbt. Die Frage, ob jemand seinen Vc
nehmen kann, hat viel damit zu tun, ob er sein
nehmen kann und will oder nicht. Doch komr
der wirklich glücklich sein will, darum herum,
in Liebe anzunehmen.

Seelische Wunden brauchen Zeit, um zu
ser innere Prozess kann leicht vorangehen, w
bereit ist, seinen vollen Vornamen anzunehme
neue Erfahrungen damit zu machen. Als Kind

rung gemacht, dass ihre Eltern oder auch Leh- dann mit dem vollen Vornamen ansprachen, tadelten. Diese Wunden dürfen mit neuen, an- rfahrungen heilen.

d Ulrich

e sich im Seminar als Uli vor. Er erzählte, dass Betrieb Schwierigkeiten mit der Disziplin sei- tarbeiter habe. Er ärgerte sich, dass sie sich ie Anweisungen hielten. Er meinte, dass er die- ngen klar gebe und dass sie genau wüssten, in hätten. Er fühlte sich nicht ernst genommen. te Ulrich erst, wie er seinen Mitarbeitern die en gibt. Diese war im Wesentlichen klar und anach sprach ich ihn auf seinen Vornamen an wie er sich von den Mitarbeitern ansprechen

seine Mitarbeiter haben einen kollegialen Um- ei ihnen ist es üblich, dass sie sich duzen. Ja, bei ihnen der Uli. Seine Mitarbeiter sind der erdi und der Thomas. Mit Thomas hatte er die wierigkeiten. Der beanspruchte nach seiner mer die Führung. Ich merkte an, dass Thomas von ihnen ist, der keinen Kindernamen mehr

3 Ulrich aufhorchen. So hatte er sich die An- noch nie betrachtet. Ich bot ihm an, selbst den zu erleben und sich von der Gruppe eine ng geben zu lassen.

ihn, einen Gesprächspartner zu wählen und zustellen. Zweimal sollte er dies mit ‚Uli' machen und danach zweimal mit ‚Ulrich'. Dies tat er: „Ich bin der Uli. – Ich bin der Uli." Nach einer kurzen Pause sagte er: „Ich bin Ulrich. – Ich bin Ulrich." Interessanterweise sagte er beim zweiten Mal den Artikel nicht mehr. So brachte der vollständige Name mehr in Bewegung, als er dies bewusst gewollt hatte.

Er bekam interessante Rückmeldungen: Bei ‚Ulrich' richtete er sich auf. Er saß auf einmal gerade da. Seine Stimme war tiefer und erwachsener als bei ‚Uli'. Das Wort klang voller als das kurze ‚Uli'. Kurzum, als ‚Uli' war er ein Kind und bei ‚Ulrich' ein Mann in seiner vollen Kraft.

Diese angenehmen und anerkennenden Rückmeldungen machten es ihm leicht, seinen vollen Vornamen anzunehmen. Er stellte sich von nun an nur noch als Ulrich oder als Ulrich Bäcker vor. Manche Freunde übernahmen den vollen Vornamen, andere blieben bei der Abkürzung. Bedeutsam war es, dass Ulrich selbst wusste, dass er Ulrich ist.

So zeigte er sich von nun an in einer Weise, wie er sich bislang noch nicht gezeigt hatte. Er änderte den Text auf seinem Anrufbeantworter und auch das Klingelschild. Nun zeigte er sich als der, der er in Wirklichkeit ist. Damit hatte er natürlich auch eine andere Wirkung nach außen. In der Folge änderte sich seine Wirklichkeit. Seine Mitarbeiter fühlen sich von ihm gut geführt und tun bereitwillig, was er ihnen aufträgt.

Flo hatte ein sprunghaftes Wesen

Andreas schlug sich auf die Stirn, als er von der Kraft der Vornamen hörte. Er wurde abwechselnd kreidebleich und rot. Ich fragte ihn, was mit ihm los sei.

Ihm war ein Licht aufgegangen. Sein Sohn war 19 Jahre alt und bereitete ihm große Sorgen. Er hatte die Schule am Beginn der elften Klasse abgebrochen. Danach hatte er wechselnde Jobs gehabt und dreimal eine Lehre begonnen und sie jedes Mal wieder abgebrochen. Er war beängstigend sprunghaft. „Was kann ein Flo anderes sein als ein sprunghaftes Wesen! Von dieser Sekunde an werde ich ihn nur noch Florian nennen. Ich werde ihm das sagen. Mein Gott! Mein Flo–rian. Er ist, nein, er war für mich noch immer unser Jüngster, unser Kleiner. Jetzt lasse ich ihn groß werden." Tief bewegt schwieg er und schrieb seinem Sohn noch am selben Tag einen Brief.

Florians vollständiger Vorname ist ein kleiner Baustein auf seinem Lebensweg und wird alleine nicht alle seine Schwierigkeiten lösen. Und doch ermöglicht er allen Beteiligten einen neuen Blick auf Florian, auch Florian selbst. Dies wird einen Einfluss auf sein Selbstbild haben.

Ein anderer Seminarteilnehmer war von Florians Geschichte berührt und sprach von seinem Sohn Friedrich Ludwig: „Mein Sohn ist 23 Jahre alt. Wir haben ihn von klein auf immer Friedrich Ludwig genannt und ihn auch konsequent nur so angesprochen. Das war manchmal lästig für uns Eltern und forderte unsere Disziplin. Er ist über die Jahre in seinen Namen hineingewachsen und ist ein stabiler, hoffnungsfroher junger Mann. Wir hatten nichts davon gewusst. Wir hatten einfach das Empfinden, dass es so stimmt. Ich bin dankbar, dass alles so gekommen ist."

Ob Kinder dann viel Verbotenes anstellen und kräftig über die Stränge schlagen, wenn sie unbewusst wollen, dass ihre Eltern und Großeltern sie bei ihrem vollen Vornamen ansprechen? Vielleicht brauchen sie das. Wenn dem so ist, dann können Eltern, ErzieherInnen und LehrerInnen sich und ihren Kindern das Leben wesentlich erl(dem sie die Kinder mit ihrem vollen Vornar chen.

Mit Sicherheit können Kinder, Jugendlich Erwachsene ihr Potential mit dem vollen Name ter entfalten, als wenn sie ihren Namen fast im Abkürzung hören und auch jeder ihn in dies braucht, egal ob Erzieher, Lehrer, Ausbilder, K gesetzter oder nahe Freunde und Familie.

Der Kosename darf als Kosename natürl eben als Kosename.

5 Sprache und Werte

Im dritten Kapitel dieses Buches habe ich Sie zu Situationen geführt und Ihnen gezeigt, welche hänge von Sprachgebrauch und individuell keit sichtbar werden und welche Möglichkei Lingva Eterna auftun. Im vierten Kapitel hab Wechselwirkungen von individuellem Sprachg persönlichen Lebensthemen aufmerksam gen hier eröffnet Lingva Eterna neue Wege.

In diesem fünften Kapitel lenke ich Ihren Bli weiteren Bereich, in dem dieses Konzept sein che Wirkung entfaltet: Dies ist der Umgang mi

Der alltägliche Sprachgebrauch zeigt, welc wert, welchen Wert das Wort ‚Wert' in unserer bekommen hat. Dies gilt für das Wort ‚Wert' mi sammensetzungen ebenso wie für seine Able Vor- und Nachsilben.

Die Bezeichnung einzelner Werte sowie Wert in der Gesellschaft oder für den Einzeln Familie sind eine umfangreiche Betrachtung die hoch im Kurs stehen, haben Wörter, die

ındere Werte haben keine eindeutige Bezeich- oder das entsprechende Wort hat eine Bedeu- iebung erfahren. Damit ist auch die Bedeutung ins Wanken geraten. Mit dem schwindenden für einen Wert geht das dazu gehörende Wort o stimmt, dass mit einem untergehenden Wort zugehörende Wert an Bedeutung verliert.

Eterna geben wir diesen Wörtern erneut ihre ınd beleben sie wieder. Sie finden allmählich, ichritt und Wort für Wort, wieder ihren Weg ıeine Sprache. Jedes Wort wirkt, und natürlich örter aus dem großen Bereich der Werte. Ich , sich auf diese wunderbaren Möglichkeiten und dem Wert und den Werten in Ihrem Den- echen bewusst Raum zu geben.

in der Alltagssprache

ıde ich Sie ein zu einer Wortprobe mit dem Sagen Sie es bitte zweimal halblaut und lang- - Wert".

ı Sie in sich hinein. Wie klingt dieses Wort in ' Welche inneren Bilder steigen in Ihnen auf? e sich dafür Zeit. Was sind Ihre ersten sponta- ıssoziationen und Empfindungen?

t ,Wert' klingt bei mehreren Sprechern oft ganz ›rschiedlich. Bei manchen klingt es nach einem ebenen ,wert' und wieder bei anderen nach ;eschriebenen ,Wert'. Bei den einen hat es viel ›i den anderen wenig. Bei den einen klingt es nach einem materiellen Wert und bei anderen nach einem inneren Wert.

Manche stellen mit diesem Wort eine Frage: ‚Wert?' oder auch ‚wert?'. Bei ihnen klingt ‚Wert' so, als ob sie wissen wollten, was ein Wert ist oder ob etwas einen Wert hat.

Bei manchen klingt ‚Wert' nicht nach ‚Wert'. Bei ihnen hat das Wort einen anderen Klang und auch eine andere Bedeutung: Es klingt nach ‚wehren'. Jemand ‚wehrt' sich. Entweder wehren sie sich selbst, oder jemand anderes wehrt sich. Bei dieser Speicherung ist es Menschen schwer, sich mit Werten anzufreunden. Bei ihnen klingeln gleich die inneren Alarmglocken.

Auch wenn dies so ist, oder auch gerade dann, wenn dies so ist, eröffnet der bewusste Umgang mit dem Wort ‚Wert' und seinen Ableitungen neue Blickwinkel. Auf diese Weise wandelt sich die innere Einstellung und ermöglicht ein Heilen alter Verletzungen und Bedrohungen. Freilich hilft nicht allein das Wandeln dieses einen, einzigen Wortes. Es bedarf noch einiger weiterer gezielter Interventionen auf der sprachlichen Ebene. Doch hat es sicher eine Schlüsselposition und berührt bei vielen Menschen den Kern.

Wertvoll, Wertstoffhof und andere Wörter mit ‚Wert'

Das Wort ‚Wert' hat in seinen Zusammensetzungen und Ableitungen einen festen Platz im täglichen Sprachgebrauch. Doch ist das Wort ‚Wert' dabei vielfach weder dem Sprecher noch dem Hörer oder Leser bewusst. Der ‚Wert' hat in seinen Zusammensetzungen vielfach seinen ursprünglichen Wert, seine ursprüngliche Bedeutung verloren.

Da gibt es beispielsweise den ‚Entwerter'. Der ‚entwertet' eine Fahrkarte. Die ‚Wertstofftonne' und der ‚Wertstoffhof' nehmen vorsortierten Müll auf. Der ,Wertverlust' stellt den Mangel in den Vordergrund. Bei Zusammensetzungen kann das Wort ,Wert' auch am Wortende stehen. Davon gibt es noch weit mehr Kombinationen als bei den Zusammensetzungen mit dem vorangestellten ,Wert': der ,Stellenwert', die ,Zahlenwerte', die ,DAX-Werte', die ,Blutwerte', den ,Einkaufswert', den ,Freizeitwert' und viele mehr.

Des Weiteren gibt es zahlreiche Ableitungen von dem Wort ,Wert' mit Vor- und Nachsilben. Eine Auswahl mag genügen, um Umfang und Art und Weise des alltäglichen Gebrauchs sichtbar zu machen: ,abwerten', ,aufwerten', ,auswerten', ,bewerten', ,verwerten', ,wertlos' und ,wertvoll', ,wertschätzen', ,hochwertig', ,minderwertig', ,werthaltig' und viele mehr.

Mit Lingva Eterna lenken wir den Blick auf einen achtsamen Umgang mit den Werten und damit auch mit dem Wort ,Wert'. Das neu gewonnene Bewusstsein für Werte beginnt mit einem neuen Erfassen und Begreifen des Wortes an sich.

Wie sagen Sie ,Wert'?

Entdecken Sie dieses Wort neu. Finden Sie heraus, wie Sie es sagen. Geben Sie sich Zeit, den Wert neu zu entdecken. Ich lade Sie ein, jedem einzelnen Laut nachzuspüren.

Beginnen Sie mit dem ,W'. Formen Sie ein ,W'. Das ,W' ist ein stimmhafter Reibelaut. Legen Sie dafür die Unterlippe an die oberen Schneidezähne und lassen Sie die Luft durch den dabei entstehenden Spalt strömen. Bis hierher ist der Laut ein ,F'. Nun geben Sie noch Stimme dazu. Erlauben Sie sich zu spüren, wie weit die Schw stimmhaften ‚W' Ihren Mund, Ihren Hals und körper schwingen lässt. Als nächstes formen Das ‚E' in ‚Wert' ist ein geschlossenes, lange ‚Meer'. Wir haben in der deutschen Sprache schiedliche ‚E'. Jedes ‚E' hat einen anderen Kla andere Wirkung. Die Rechtschreibung bildet ‹ sche Wirklichkeit nicht ab.

Formen Sie behutsam das lange, geschloss‹ len Sie die Position Ihrer Zunge und die Positic pen. Nehmen Sie auch die Stellung des Kiefer damit die Öffnung des Mundes. Werte wachs und haben Bestand. Schnelllebige Werte gibt e lange ‚E' entspricht der Aussage dieses Wortes

Der dritte Buchstabe des Wortes ‚Wert' Schreiben Sie es nur, oder artikulieren Sie e: Wort als ein ‚R'? Bei vielen Menschen klingt in dem Wort eher wie ein ‚A'. Sie sagen ‚W-E- klingt und schwingt anders als ‚Wert'. Damit eine andere Wirkung. Geben Sie dem Wert r wusst artikulierten ‚R' seine Kraft wieder!

Probieren Sie beide Varianten einfach aus sich beide auf der Zunge zergehen. Hören un‹ den Unterschied.

Als Nächstes können Sie darauf lauschen, Sie das ‚R' in Ihrem Mund bilden. Wir können im Deutschen auf zweierlei Weisen bilden. Das Zungenspitzen-R und das andere das Zäpfch sind möglich. Wo formen Sie das ‚R'? Fühlen Sie, dass das ‚R' immer etwas in Schwingung u Bewegung bringt. Wenn Sie Spaß daran haben bieren Sie auch die andere Variante aus. Jeder l nen.

m ‚R' folgt in dem Wort ‚Wert' das ‚T'. Beim ‚T' ıit der Zungenspitze an den Zahntaschen der ıeidezähne einen harten Verschluss. Mit dem ' öffnet sich ein Verschluss. Das ‚T' hat etwas mit Tatkraft zu tun. Von nichts kommen Werte

Betrachtung der einzelnen Laute füge ich die- u einem Wort zusammen und bitte Sie, das nochmals halblaut zu sagen und eine erneute u machen: „Wert – Wert".

gt das Wort jetzt in Ihren Ohren? Ist es genau nfang?

- was ist das?

ewerten' heißt genau genommen ‚einen Wert einen Wert benennen. Die Vorsilbe ‚be-' zeigt 'egung. Bei einer Behandlung legt der oder die e seine Hände auf den Körper des Behandel- :mand einen anderen Menschen begutachtet, ɔt er ein Gutachten mit Blick auf diesen Men- beim Beleuchten leuchtet eine Lampe einen oder einen Menschen an.

'erten ist als solches neutral und im ursprüng- les Wortes wertschätzend. Doch bedeutet es im Sprachgebrauch vielfach ein Abwerten oder hes ein.

ie sich vor, dass jemand Sie nach Ihrer Mei- euinszenierung eines Theaterstückes fragt. Er : „Wie bewertest du die Neuinszenierung der

Meistersinger?“ Oder er kann fragen: „Wie findest du die Neuinszenierung der Meistersinger?“ Je nach der Art der Frage werden Sie vermutlich bei Ihrer Antwort unterschiedliche Akzente setzen.

Ich wähle einen alltäglichen Satz und lade Sie ein, diesen Satz selbst auszuprobieren. Sagen Sie bitte zweimal halblaut und langsam: „Wie bewertest du ihre Bemerkung? – Wie bewertest du ihre Bemerkung?“ Horchen Sie in sich hinein und lassen Sie diesen Satz in sich nachklingen. Welche Wirkung hat er auf Sie?

Probieren Sie eine Alternative: „Wie siehst du ihre Bemerkung? – Wie siehst du ihre Bemerkung?“ Horchen Sie auch hier in sich hinein und lassen den Satz in sich nachklingen. Achten Sie auch hier darauf, welche Wirkung der Satz auf Sie hat.

Mit dieser Variante sprechen Sie das Sehen an. Sie können ebenso gut das Hören oder das Fühlen ansprechen. Dann fragen Sie: „Wie klingt ihre Bemerkung für dich?“ Oder: „Wie empfindest du ihre Bemerkung?“ Sie können auch fragen: „Was sagst du zu ihrer Bemerkung?“

Jede dieser Varianten hat einen eigenen Klang und eine eigene Wirkung. Bedeutsam an dieser Stelle ist einzig, dass Sie eine Alternative für das Wort ‚bewerten‘ finden. Das Bewerten kommt aus dem Kopf und aus dem Denken und ist oft in Wahrheit ein Abwerten.

Erlauben Sie sich, den Wert zu sehen und diesen auch zu benennen.

20. Lingva Eterna-Übung

Schenken Sie für eine Woche dem Wort ‚Wert' und seinen Ableitungen Ihre erhöhte Aufmerksamkeit. Sprechen Sie das ‚R' bewusst.
Beobachten Sie die Wirkung in Ihrem Leben.

Dorothea hob mit dem Wort ‚Wert' einen Schatz

Dorothea hatte beruflich und auch privat in ihrem Leben vieles erreicht. Und doch war sie unglücklich. Sie hatte immer wieder das Empfinden, dass sie nicht gut genug war. Sie wusste lange nicht, wie sie dieser Vorstellung eines andauernden Mangels beikommen konnte. Vom Kopf her war ihr klar, dass sie allen Grund hatte, mit dem Ergebnis ihres Tuns zufrieden zu sein. Doch hatte sie diesen Frieden noch nicht finden können.

Das Wort ‚Wert' wurde für sie ein Schlüssel. Sie erkannte beim wiederholten Aussprechen des Wortes, dass sie hinter dem Wort ‚Wert' ein Fragezeichen empfand. Sie zweifelte an ihrem Wert. Und tatsächlich gebrauchte sie das Wort ‚Wert' fast nie in seinem ursprünglichen Sinn. ‚Wert' war für sie eins mit ‚wertlos', ‚abwerten', ‚entwerten', ‚minderwertig' und natürlich mit ‚Minderwertigkeitskomplex'.

Selbst wenn sie einmal von ‚wertvoll' sprach, schwang in diesem Wort die Speicherung des Mangels mit. Diese belastende Speicherung war so stark, dass sie immer und überall durchdrang.

So leitete ich Dorothea an, das Wort ‚Wert' zu wandeln und mit einem neuen Inhalt zu füllen. Ich bat sie, ein Blatt

Papier zu nehmen und auf der linken Seite vo
unten in großen Buchstaben das Wort ‚Wert' z
Dahinter sollte sie jeweils ein Wort schreiben, d
jeweiligen Buchstaben beginnt. Dieses Wort sol
sein, das ihr gut tut und ihr ein Wohlgefühl gib

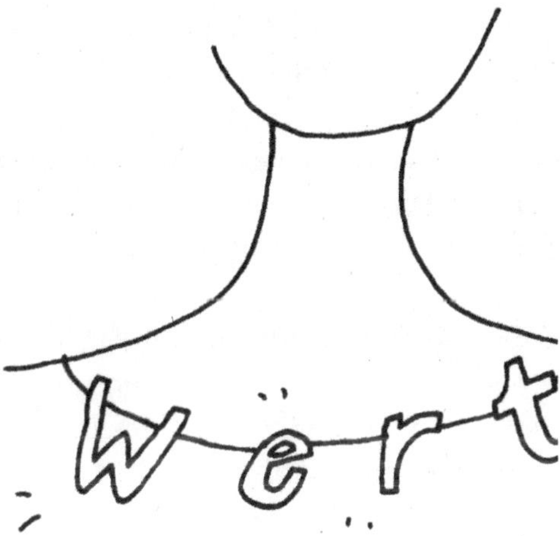

Dorothea begann: Für das ‚W' wählte sie ‚Wo
das ‚E' ‚Erdbeereis', für das ‚R' Rosenduft und
‚Tanzen'. Sie strahlte, als sie diese Wörter u
stehen sah. Alles davon mochte sie.

Ich führte sie noch einen Schritt weiter. Ich
Hände in der Form eines Dreiecks auf den B
gen. Die Daumen sollten dabei in einer waagr
übereinander liegen. Nun wies ich sie an, je
wonnene Wort bewusst zu sagen, seine Be
empfinden und es mit der Nase in die Luft z
Die Augen sollten der Bewegung folgen. Jewei

ıchstaben sollte sie neu ansetzen, damit sie die ɜicht und effizient ausführen kann.

ɔung hat eine spielerische und heitere Leich- :hzeitig hat sie eine tiefgehende, heilsame Wir- hea hatte Freude an dieser Übung. Sie lachte einen Satz aus ihren vier Wörtern: „Ich fühle esse Erdbeereis, rieche Rosenduft und tanze." hzte sie auf und strahlte übers ganze Gesicht. schte sich nun Wohlfühlwörter mit ,Wert' und e handverlesene davon für ihre Alltagssprache ɔrt ,wertvoll' war eines davon. Die abwerten- mit dem Wortstamm ,Wert' wandelte sie nach und fand für sie weitgehend andere Bezeich-

le das Wort ,Wert' für sie zum Schlüsselwort. ie noch einige Wochen begleiten und erlebte, lühte. Sie war rundherum glücklich. Sie fühl- und empfand sich als einen wertvollen Men- hlte nun bis in die letzte Pore, dass sie in Ord- ı wie sie ist. Dieses Wissen war mit Lingva Kopf in den Bauch gerutscht.

d unehrlich

ch einmal ehrlich sagen!

ceit ist ein grundlegender Wert. Einem ehrli- hen können Sie glauben und Sie können ihm ıchkeit ist eine grundlegende Basis für ein sta- ollendes Zusammenleben und ebenso für eine ırbeit, die Bestand haben kann.

Ihr Fehlen führt zu peinlichen Heimlichkeiten und zu Betrug. Im großen Maßstab erwachsen daraus dicke Skandale. Diese gibt es im privaten Bereich ebenso wie in der Wirtschaft und der Politik.

Bedeutsam ist dabei, dass jeder Einzelne sich bewusst macht, ob Ehrlichkeit für ihn einen hohen und erstrebsamen Wert darstellt oder nicht und was Ehrlichkeit für ihn konkret bedeutet.

Hier mag ich die Frage in den Raum stellen, wie oft bei jedem Einzelnen und auch wie oft in den Medien von Ehrlichkeit die Rede ist und wie oft von einem Mangel an Ehrlichkeit. Der alltägliche Sprachgebrauch zeigt den inneren Blickwinkel.

Nach bewährter Lingva Eterna-Vorgehensweise lade ich Sie wieder zu einer Wortprobe ein. Sagen Sie bitte zweimal halblaut und langsam: „Ehrlich – ehrlich". Horchen Sie wieder in sich hinein. Wie geht es Ihnen mit diesem Wort?

Bei Margot war ‚ehrlich' ein Füllwort

Margot hatte geklagt, dass so viele Menschen unehrlich sind. Sie fühlte sich belogen und betrogen. Das hatte sie nicht nur einmal oder zweimal erlebt. Dieses unglückliche Muster begleitete sie schon viele Jahre. Sie war verzweifelt.

Ich fragte sie, ob sie häufiger von ‚unehrlich' oder von ‚ehrlich' sprach. Diese Frage konnte sie spontan beantworten: „Natürlich spreche ich häufiger von ‚unehrlich' als von ‚ehrlich'. Das erlebe ich ja auch andauernd!" Ich antwortete ihr: „Sie selbst haben einen Anteil daran. Sie denken in die falsche Richtung! Mit kleinen, gezielten Änderungen in Ihrer alltäglichen Ausdrucksweise können Sie Ihrem Leben eine sanfte Wende geben. Ich sage Ihnen gern, wie Sie dies konkret tun können."

Margot sah mich fragend an: „Ehrlich? – Ehrlich gesagt kommt mir dieser Ansatz etwas zu einfach vor. Na ja, vielleicht hilft er ja. Das wäre ehrlich große Klasse!"

Die Ehrlichkeit war ihr Kern-Thema. Ihr Sprachgebrauch zeigte dies deutlich. Dieses Thema kam bei ihr an vielen Ecken und Enden hervor, ohne dass ihr dies bislang bewusst war.

Ich begleitete Margot dabei, nach den Prinzipien von Lingva Eterna Sätze und Redewendungen mit dem Wort ‚ehrlich' zusammenzustellen und auf die Anwendung dieser Wörter in ihrem Sprachgebrauch zu achten.

Margot erkannte staunend, dass sie ‚ehrlich' entweder als Floskel oder in der Verneinung gebraucht. ‚Unehrlich' war ihr wesentlich vertrauter als ‚ehrlich'. Ihr Sprachgebrauch entsprach dem, was sie in ihrem Leben erlebte.

Hier konnte und wollte sie etwas wandeln. Wir betrachteten Situationen, in denen sie von ‚ehrlich' und von ‚Ehrlichkeit' sprechen kann. Diese Sätze und Redewendungen nahm sie in ihren Alltag mit und integrierte sie in ihren Wortschatz. Für die Floskeln mit ‚ehrlich' und für die Sätze mit ‚unehrlich' fanden wir Alternativen, mit denen sie sich wohl fühlte. Auch diese Sätze integrierte sie Schritt für Schritt in ihren alltäglichen Sprachgebrauch.

Ich gab ihr auch das Wort ‚aufrichtig' mit. Es kommt von ‚aufrichten'. Aufrichtige Menschen können sich aufrichten und dem anderen gerade ins Gesicht sehen. Diese Redewendung richtet mit dem Menschen auch seinen Rücken auf und stärkt seine Wirbelsäule.

Margot griff auch diese Anregung gerne auf. Dann machte sie einen bemerkenswerten Kommentar: „Ehrlich gesagt – also nicht ehrlich, nein, schon ehrlich ..." Sie unter-

brach sich und lachte. Dann setzte sie wiede
Das Wort ‚aufrichtig' ist für mich richtig neu.
bislang nur bei Beerdigungen gesagt, wenn ic
aufrichtiges Beileid gewünscht habe. Auch
werde ich in meinen Wortschatz aufnehmen."

21. Lingva Eterna-Übung

Lenken Sie Ihre Aufmerksamkeit auf
Ehrlichkeit.
Geben Sie den Worten ‚ehrlich' und
Raum in Ihrem Denken und Sprechen.
Finden Sie jeweils fünf Sätze, in denen diese b
einen guten Platz haben. Integrieren Sie sie in I
gebrauch.
Beobachten Sie, was in dieser Zeit in Ihrem Lebe
Machen Sie diese Übung vier Wochen lang.

Die Treue in der Alltagssprache

So eine treulose Tomate!

Die Treue ist ein weiterer hoher Wert. Wir s
der Treue in einer Ehe, in einer Partnerschaft
Freundschaft. Auch Mitarbeiter können ihrer
viele Jahre treu bleiben. Tiere sind ihrem Her
Treue ermöglicht es den Beteiligten, auch durc
keiten hindurch einander treu zu bleiben.

mit der Treue zu sich selbst? Wenn Menschen 'eu bleiben, dann bedeutet dies, dass sie zu ih- ınd ihrer inneren Grundeinstellung, zu ihren en. Dies wiederum setzt voraus, dass sie Ziele .aben und diese auch kennen. Wenn Menschen ıd Werte verraten, dann werden sie sich selbst n gehen sie gleichsam mit sich selbst fremd.

die sich selbst nicht treu sind, können einem ht treu sein, nicht wirklich. Vielleicht hängen Haltlosigkeit an einen anderen dran. Dann ie hilfesuchend und suchen am anderen den st dies nicht Treue.

ınterweise kommt das Wort ‚Halt' in der All- weit häufiger vor als das Wort ‚Treue' und ›leitungen davon. ‚Halt' ist oft eine Floskel und ar nichts – und doch zeigt der Sprecher damit :e dich halt an. Dann kommst du halt noch ein- ' In dem ‚Halt' können mehrere Bedeutungen en. Der Halt, nach dem jemand sucht, ist häu- ner jedoch mag gern ein Partner sein und kein :er auf Dauer.

reue' spielt in der Alltagssprache eine geringe rechend kurzlebig sind zahlreiche private und berufliche Partnerschaften und Ehen. Das Wort Treue findet sich in neutralen Zusammensetzungen und Ableitungen wie ‚Treuhänder', ‚Treuhandgesellschaft' und ‚Betreuer'. In den Wörtern ‚treudoof', ‚treulose Tomate' und ‚veruntreuen', steht ‚treu' in einer negativen Bedeutung. Was ist übrigens eine treue Tomate?

Der ‚Getreue' ist aus der Mode gekommen, hoffentlich nur das Wort.

22. Lingva Eterna-Übung

Schenken Sie dem Wort ‚Treue' Ihre Aufmerksamkeit. Wann sagen Sie es?

Schreiben Sie auf, wem oder was Sie treu sind oder lange Jahre treu geblieben sind.

Schreiben Sie auf, wer Ihnen treu ist oder über eine lange Zeit treu war:

Familienangehörige, Freunde, Mitarbeiter, ein Tier ... Fühlen Sie bitte den Dank für das Geschenk der Treue, das andere Ihnen machten und machen.

Beobachten Sie, was als Folge Ihrer erhöhten Aufmerksamkeit für das Thema Treue in Ihrem Leben geschehen wird.

Achtung: Achtung!

Das Wort ‚Achtung' ruft bei den einzelnen Menschen unterschiedliche Bilder hervor. Bevor ich dieses Thema näher beleuchten werde, lade ich Sie ein, mit dem Wort ‚Achtung' eine Wortprobe zu machen. Sagen Sie zweimal halblaut und langsam: „Achtung, Achtung". Horchen Sie bitte wieder in sich hinein.

Wie klingt das Wort in Ihnen nach? Welches Bild haben Sie vor Ihren inneren Augen?

Vielleicht gehören Sie zu den Menschen, die eine Gefahr vor sich sehen und einen anderen Menschen mit dem Ausruf oder Hinweis ‚Achtung!' warnen. Es kann auch sein, dass Sie die Achtung empfinden, die ein Mensch vor einem anderen Menschen hat. Und als drittes kann es sein, dass Sie mit ‚Achtung' den militärischen Appell ‚Achtung!' gespeichert und gleich die Hacken zusammengeschlagen haben.

Ich nehme an, dass Sie das Wort ‚Achtung' in unterschiedlichen Bedeutungen und in unterschiedlichen inhaltlichen Zusammenhängen gebrauchen. Was auch immer Sie sagen oder sagen wollen – die stärkste Speicherung schwingt bei jeder Meinungsäußerung und in jedem Gespräch mit und hat Einfluss auf die Botschaft, die den Gesprächspartner in Wirklichkeit erreicht, selbst wenn Ihnen und ihm dies nicht bewusst ist. Diese unterschwelligen Botschaften kön-

nen das Gespräch stören und sind eine Quelle f
ständnisse.

Gleichzeitig reaktivieren Sie als Sprechend(
rungen, die Sie mit dem Wort ‚Achtung' gem
und laden neue Situationen der gleichen Art i
ein.

Das Wort ‚Achtung' bedeutet für viele M
erster Linie eine drohende oder bestehende (
ist auch die häufigste Bedeutung, in der dieses
gemeinen Sprachgebrauch vorkommt.

Die Grundform von ‚Achtung' ist das W
Bereits hier gibt es mehrere Möglichkeiten, die
gebrauchen: Ich kann ‚jemanden oder etwas
ich kann auch ‚auf jemanden oder etwas achte
‚achten' findet sich in zahlreichen Ableitunger
wendungen wieder.

Ich nenne eine Auswahl: ‚jemanden oder e
ten', ‚beachtlich', ‚Beachtung', ‚beobachten', ‚Be
‚eine Sache für gut erachten', ein ‚Gutachten'
oder etwas missachten', ‚Missachtung' und ‚jen
etwas verachten' und die ‚Verachtung'. Mit de
‚-sam' gibt es des Weiteren das Wort ‚achtsam'
abgeleitet die ‚Achtsamkeit'. Diese letzten bei
sind im Allgemeinen kaum gebräuchlich.

Ich lade Sie ein zu betrachten, welche Wört
ten' Sie in Ihrer Sprache haben und sich bew
chen, dass sie alle das Grundwort ‚Achten' bei

Mit dem bewussten ‚Achten' wächst de
Umgang mit uns selbst und mit unserem Um
bedeutet, jemanden und etwas so anzunehme
oder es ist, und achtsam mit ihm umzugehen.
deutet nicht, dass jemand alles gut heißt, was
Mensch gemacht hat oder macht.

ıten gehört zu den Grundwerten in unserem teinander und mit der Schöpfung. Es ist Teil ƺebotes. Interessanterweise ist dies das einzige ːine Prophezeiung enthält: Achtet eure Eltern, euch gut geht auf der Erde. Nicht die Eltern ı erster Linie davon. Wir sind es selbst. Darum ıng vor den Eltern so fundamental.

Menschen sagen, dass sie bestimmte Eigen- er Eltern achten können und andere wieder t weit entfernt vom wahrhaftigen Achten. Ach- ner hundertprozentig und niemals teilbar. Sie len im eigenen Herzen und in der Folge auch

ıere Haltung darf wachsen und darf Zeit brau- ı wachsen. Bedeutsam ist die eigene Bereit- ƽamen zu legen und diesem wertschätzenden n und Zeit zu geben. Diesen Samen kann jeder en.

ng ist das Wort. Das gilt auch hier. Das entspre- t ist der Samen für die spätere Frucht. Wenn . Leben Achtung erleben wollen, dann dürfen stes säen. Der bewusste Umgang mit der Spra- ei. Lingva Eterna macht die schöpferische Kraft bewusst und leitet an, sie achtsam zu gebrau-

: ‚achtsam'

ıt dem Wort ‚Achtung' nur Gefahr gespeichert. ıeses Wort hörte, geriet sie innerlich in starke ʒ. Sie hatte mit ihm etliche schreckliche Erleb- ːhert. Es war für sie anfangs ein Reizwort.

So bot ich ihr, den Regeln von Lingva Eterna folgend, ein anderes Wort aus der gleichen Wortfamilie an. Ich wählte das Wort ‚achtsam'. Es war für sie völlig neu. Sie hatte es in ihrem Leben noch nie bewusst gebraucht. Es kam ihr fremd und sonderbar vor. Doch löste es bei ihr keine Anspannung und Angst aus. So wollte sie sich gern auf dieses eine Wort einlassen.

Ich bat sie, das Wort ‚achtsam' einmal ganz, ganz langsam zu sagen und sich jeden Laut dabei auf der Zunge zergehen zu lassen. Ich sagte es ihr zweimal vor. Dabei artikulierte ich das Wort langsam und deutlich: ‚achtsam'. Ich sprach die Nachsilbe ‚-sam' mit einem stimmhaften ‚S' wie in ‚Sonne' und ‚Summen' und mit einem langen ‚A'. Mir war bekannt, dass die meisten Menschen diese Nachsilbe falsch aussprechen, nämlich mit einem stimmlosen ‚S' und einem kurzen ‚A'. So wollte ich Julia das Wort gleich so geben, wie es am reinsten und schönsten klingt und schwingt.

Julia probierte den unterschiedlichen Klang und die unterschiedliche Wirkung des gleichen Wortes mit dem kurzen und mit dem langen ‚A'. Sie war fasziniert.

Dann machte sie eine Wortprobe und sagte zweimal halblaut und langsam ‚achtsam – achtsam' mit einem stimmhaften ‚S' und einem langen ‚A'. Sie spürte, dass ihr dieses Wort gut tat.

Sie integrierte es in ihren Sprachgebrauch. Sie sagte dem Kollegen nun nicht mehr: „Sei vorsichtig mit dem neuen Gerät." Jetzt sagte sie statt dessen „Martin! Sei bitte achtsam mit dem neuen Gerät!" Sie fand zahlreiche Gelegenheiten, dem neuen Wort in ihrem Denken, Sprechen und Fühlen Raum zu geben.

In den kommenden Tagen und Wochen sickerte das Wort ‚achtsam' langsam immer tiefer in ihr Denken, Sprechen und Fühlen. Sie spürte, wie sie innerlich zur Ruhe kam und wie die Angst und die Anspannung nachließen. Sie fühlte sich viel, viel besser als vorher.

Das Wort ‚achtsam' erwies sich auch bei Julia als ein gleichermaßen mächtiger und sanfter Türöffner für die wertschätzende Achtung und das dazugehörige Verb ‚achten' mit seinen Ableitungen.

Thomas lernte seinen Chef zu achten

Thomas hatte seit einigen Wochen einen neuen Chef. Er fand ihn furchtbar und war froh, wenn er ihn weder sah noch hörte. Der Chef hatte erst kürzlich seine Position eingenommen und führte das erste Mal eine so große Zahl von Mitarbeitern. Bei aller fachlichen Kompetenz, die er hatte, benahm er sich wie ein Elefant im Porzellanladen. Ihm ermangelte es an jeglichem Einfühlungsvermögen für seine Mitarbeiter. Er forderte und überforderte sie. Gleichzeitig herrschte er sie an und machte sie schlecht. Die Stimmung war allgemein miserabel.

Aus dieser Situation schien es für Thomas keinen Ausweg zu geben. Er litt und krankte an den zahlreichen Kränkungen. Gespräche mit dem Chef fruchteten nicht. Er schmetterte sie ab. In der Folge erkrankte Thomas wiederholt.

Ich durfte Thomas schon einige Wochen begleiten, und so hatte er schon vieles von Lingva Eterna kennen gelernt und in seinen Alltag integriert. Auf diese Weise hatte er schon viel erreicht. Nur mit seinem neuen Chef kam er beim besten Willen nicht weiter. So fragte er mich um Rat.

Ich sagte, dass aus meiner Sicht die Achtu
Chef der Schlüssel zur Lösung sei, und fragt
seinen Chef in seiner Position als Chef achte
einer Mischung von Fragen und Entsetzen ai
mir daraufhin: „Nein! Unmöglich! So einen U
kann und will ich nicht achten!"

Wir hatten schon eine Weile vorher ein aus
präch zum Thema Achten gehabt. Dies griff ic
auf. Achten bedeutet, einen Menschen in sein
in seiner Position und mit seiner Geschichte al
zu achten. Achten ist keineswegs gleichbedeu
das, was er tut oder getan hat, gutzuheißen. In I
Thomas' Chef bedeutete dies, dass Thomas ih
Chef achtet und seine Position anerkennt.

Thomas hatte zwei Möglichkeiten, die ihn we
konnten: Entweder er achtet ihn als seinen C
kündigt und geht. Die dritte Möglichkeit wo
weiter leben: Er hadert weiter mit ihm, missac
Chef und leidet an der Situation und wird
möglicherweise richtig krank.

Als Thomas erkannte, dass er letztlich sic
was Gutes tut, wenn er seinen Chef als seine
tete, entschied er sich bewusst dafür, ihn zu
freundete sich eine Zeitlang mit dem Gedanke
Chef in der weit entfernten Firmenzentrale an
ihm seine Achtung zum Ausdruck zu bringen.

Ich machte ihm klar, dass seine Achtung f
noch lange nicht bedeutet, dass der Chef auch
arbeiter achtet. Ich warnte ihn ausdrücklich da
eine Erwartung in dieser Richtung zu entwicl
sagte ich ihm, dass die Achtung, die er dem
irgendwann auch ihm selbst wieder zuteil wer

wahrscheinlich auf einem ganz anderen Weg
n gänzlich anderen Kontext.

ch war Thomas an dem Punkt der Stärke an-
:mpfand den nun folgenden Satz tief und ehr-
nnte er anrufen.

sich auf seinen Stuhl, stellte beide Füße auf
sammelte sich und wählte die Telefonnummer.
er das Telefon in der weit entfernten Stadt
e Sekretärin hob das Telefon ab. Er grüßte sie
ınd ließ das Gespräch zu seinem Chef durch-
er meldete sich kurz und knapp: „Bäumler, ja

meldete sich ausführlich: „Guten Morgen, Herr
! Ich bin Thomas Weidlinger aus X. – Herr Dr.
mag Ihnen etwas Bedeutsames sagen: Ich ach-
einen Chef! Sie sind der Chef und ich bin Ihr
' Danach folgte eine kurze Pause. Diese wurde
t.

hörte nur das Knacken in der Leitung. Er at-
d gleichmäßig und bewahrte so seine Ruhe so
lich. Dann hörte er Herrn Dr. Bäumlers Stim-
perte sich und sagte dann: „Herr Weidlinger,
nen für Ihre Worte. Ach, wissen Sie, ich bin zu
sen Job. Ich bin gerade zwei Monate älter als
olgte wieder ein Schweigen.

;te Thomas: „Herr Dr. Bäumler, ich bin Ihnen
oyal. Und ich tue von hier aus, was ich tun

em Gespräch wendete Thomas das Blatt. Herr
wurde in dem Maß, wie es ihm möglich war,
mit Thomas spürbar freundlicher. Und Tho-
inen Frieden mit ihm. Er konnte ihn von nun
wie er ist.

Einige Wochen später kam der nächste Schritt: Thomas bekam wieder einen neuen Chef und seine nächste Lernaufgabe. Die eine hatte er bravourös gelöst.

Die Achtung, die Thomas seinem Chef gegenüber zum Ausdruck gebracht hatte, erfuhr er seinerseits Monate später in vielfacher Weise in einem neuen Umfeld. Durch sein eigenes mutiges Handeln hatte er beständig Achtung und Wertschätzung in sein eigenes Leben eingeladen. Nun durfte er ernten.

Ausklang

Jedes Wort wirkt und schafft Wirklichkeit. Es
größten Gaben der Menschheit, dass wir durch
ken und Sprechen gleichzeitig Geschöpfe sin
Schöpfer.

Wir leben in einer Zeit der globalen Wan
Einzelne hat dabei die Möglichkeit und auch
wortung, Neues mitzugestalten. Er kann und
die Welt hineinbringen, was er sich und ihr w
seinem Denken und Sprechen formuliert und
diese Weise eine neue Wirklichkeit.

Lingva Eterna erinnert an dieses uralte
weist einen Weg, achtsam mit der Macht umz
jeder Einzelne und auch eine Gesellschaft mit
und dem täglichen Sprachgebrauch hat.

Lingva Eterna ist ein Metakonzept, das in viel
Anwendung findet. So ist es jedem Menschen
seinem persönlichen Lebens- und Wirkungsber
ne eigene Sprache zu achten und damit sein L
verantwortlich in die Hand zu nehmen.

Hören Sie bitte auf zu glauben, dass die U
an Ihrem Glück hindern oder dass andere den
chen sollen und Sie ja angeblich gar nichts ode
ausrichten können. Beginnen Sie, an sich und
zu glauben, die auch Ihnen innewohnt. Erlau
selbst, diese Kraft in Demut und Dankbarkeit a
und von ihr Gebrauch zu machen.

Sie sich Schritt für Schritt und Wort für Wort
Schatz an, der wirklich ein Schatz ist. Vielleicht
dafür meinen Kartensatz ‚Die Kraft der Spra-
en. Jede Karte ist eine in sich abgeschlossene
Ich habe diesen Kartensatz gemacht, um den
eginn zu erleichtern.

Ihnen mit Lingva Eterna viel Freude, Leichtig-
nder-volle Erfahrungen.

hütet!

Mechthild R. von Scheurl-Defersdorf

Anhang

Kontaktadresse

Haben Sie Interesse, das im Buch Erfahrene zu vertiefen? Dafür bietet das Institut Lingva Eterna Seminare und Ausbildungen an.

Lingva Eterna Institut für bewusste Sprache
Mechthild R. von Scheurl-Defersdorf
Anderlohrstr. 42a
91054 Erlangen
Tel. 0 91 31 – 5 71 61
Fax 0 91 31 – 5 71 06
www.lingva-eterna.de

Bei Interesse nehmen Sie bitte Kontakt auf.

Literaturhinweise zu Lingva Eterna

Mechthild R. von Scheurl-Defersdorf führt bei
weise noch den Autorennamen Roswitha Defe

Bücher:

Deutlich reden, wirksam handeln. Kindern
Leben geht, Mechthild R. von Scheurl-Defersd
2011, Herder Verlag Freiburg

Meine Sprache und ich. Mit Sprachstruktur Pe
entwickeln, Theodor von Stockert, 2012, Lir
Verlag Erlangen

Drück mich mal ganz fest. Geschichte und
nes wahrnehmungsgestörten Kindes, 19. Aufl. 2
Verlag Freiburg

Hörbuch:

In der Sprache liegt die Kraft. Sich selbst und
ren, Mechthild R. von Scheurl-Defersdorf u
von Stockert, 2. Aufl. 2012, Lingva Eterna Verl

Kartensätze:

Die Kraft der Sprache, 80 Karten für den
Sprachgebrauch, Mechthild R. von Scheurl-D
Aufl. 2012, Lingva Eterna Verlag Erlangen

Die Kraft der Sprache, 40 Karten für Päda
Trainer, Gudrun Klask, 2. Aufl. 2011, Lingva Et
Erlangen

er Sprache, 40 Karten für die Sprache in der
ιthild R. von Scheurl-Defersdorf, 2. Aufl. 2010,
ιa Verlag Erlangen

n – Denkmuster aktiv wandeln, 96 farbige Kar-
ιkokarten. Mit zwei Anleitungen für Erwach-
inder im Erstlese-Alter, 5. Aufl. 2009, Lingva
g Erlangen